BRUNO BAUMANN

DIE WÜSTE GOBI

BRUNO BAUMANN

DIE WÜSTE GOBI

Durch das Land ohne Wasser

Mehr über unsere Autoren und Bücher:
www.malik.de

Bibliografische Information der Deutschen Bibliothek
Die Deutsche Nationalbibliothek verzeichnet diese Publikation in der
Deutschen Nationalbibliografie; detaillierte bibliografische Daten
sind im Internet über http://dnb.d-nb.de abrufbar.

NATIONAL GEOGRAPHIC ADVENTURE PRESS
Reisen · Menschen · Abenteuer
Die Taschenbuch-Reihe von
Malik und National Geographic

Originalausgabe
1. Auflage April 2004
2. Auflage August 2009
© Piper Verlag GmbH, München 2004
Umschlaggestaltung: Dorkenwald Grafik-Design, München
Fotos: Bruno Baumann, München
Karten: Margret Prietzsch, Gröbenzell
Satz: Sieveking GmbH, München
Papier: Naturoffset ECF
Druck und Bindung: CPI – Clausen & Bosse, Leck
Printed in Germany   ISBN 978-3-492-40223-1

Das Papier wurde aus chlorfrei gebleichtem Zellstoff hergestellt.

Inhalt

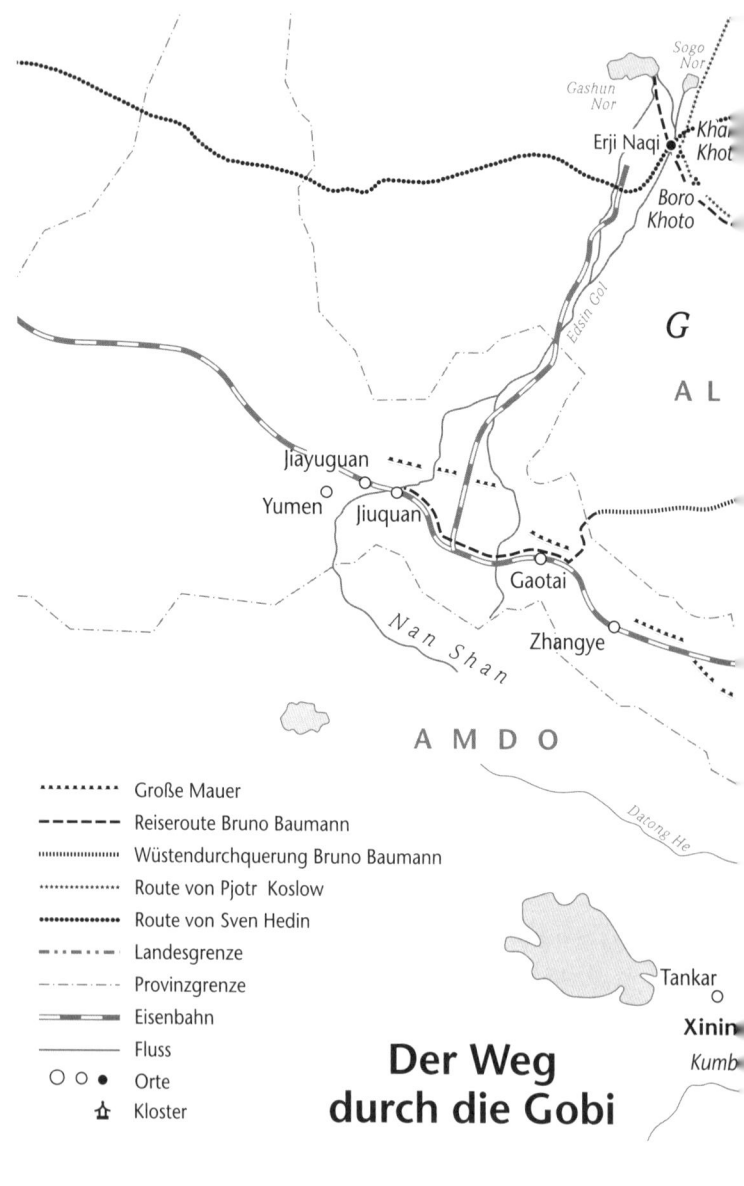

Der Weg
durch die Gobi

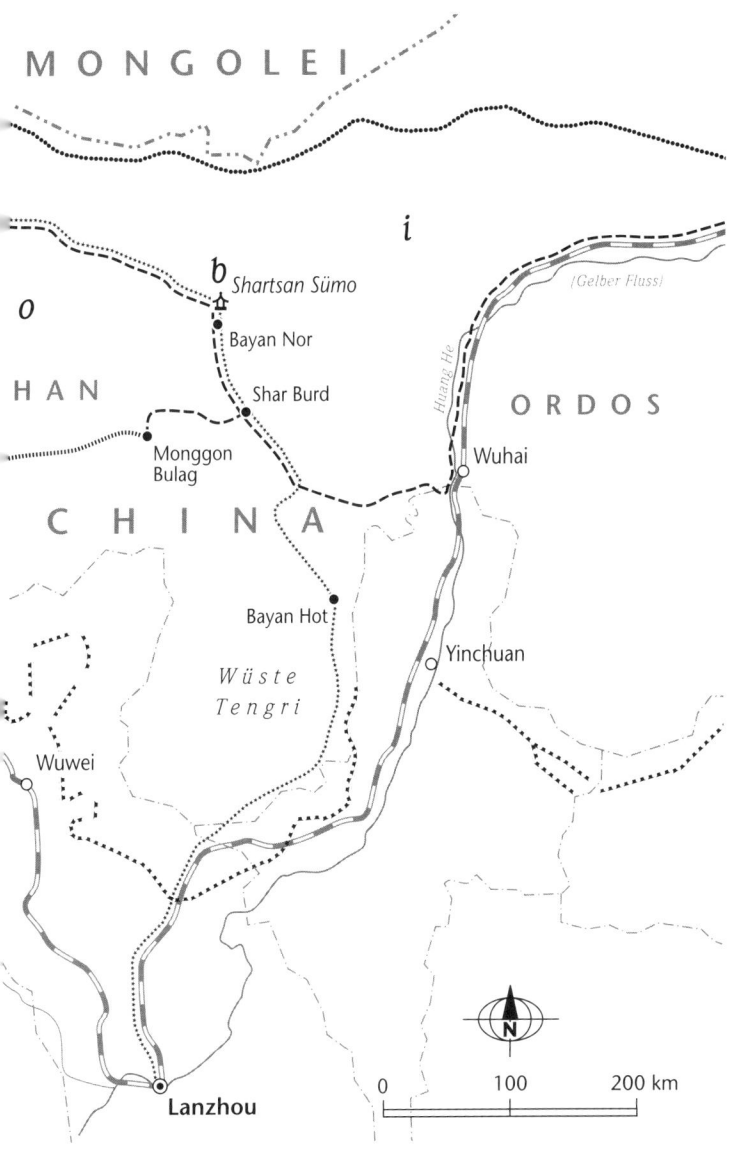

MONGOLEI

o

i

HAN

ORDOS

Shartsan Sümo

Bayan Nor

Shar Burd

(Gelber Fluss)

Huang He

Monggon
Bulag

Wuhai

CHINA

Bayan Hot

Yinchuan

Wüste
Tengri

Wuwei

N

0   100   200 km

Lanzhou

Vorwort

Ich kann mich nicht mehr entsinnen, wann ich das erste Mal daran dachte, die Gobi-Wüste zu durchqueren: War es schon 1989 gewesen, unmittelbar nach der Rückkehr aus der Takla Makan, oder erst die darauf folgenden Jahre, nach weiteren Wüstenabenteuern in der Sahara? Doch an eines erinnere ich mich genau: an das Wie. Ich beabsichtigte die Wüste zu Fuß zu durchqueren, nur in Begleitung einer Kamelkarawane, eine Art mobiler Oase auf Kamelrücken, die vor allem das hinterherbeförderte, was der Mensch in der Wüste am notwendigsten braucht: das lebenswichtige Wasser. Mir erschien es unangemessen, die Wüste mit hochgerüsteten Fahrzeugen bezwingen zu wollen. Ich wollte die Wüste als Mensch erfahren, nicht als »Maschinen-Mensch«. Die Weisheit der Wüste, ihre Qualität der Stille, so hatte mich die Takla Makan gelehrt, erschließt sich nur demjenigen, der sich ihr aussetzt. Reduktion ist Gewinn lautet die Formel.

Unter der Gobi stellte ich mir damals einen Raum ozeangleicher Weite vor, Lebensraum des zentralasiatischen Trampeltieres, des zweihöckrigen Kamels. Ein Land von Steppen und Halbwüsten, aus deren Tiefen heraus einstmals die Mongolen ausschwärmten, um ein Weltreich auf Pferderücken zu begründen. Erst bei näherem Hinsehen zeigte sich, dass es auch zwei Sandwüsten innerhalb der Gobi gibt: die Tengger Shamo und die Bardain Jaran Shamo. Beide liegen im südlichsten Bereich der Gobi, in der Inneren Mongolei, also innerhalb der Grenzen Chinas. Shamo, der treffende chinesische Begriff für Sandwüste, bedeutet so viel wie »wenig Wasser bis gar kein Wasser«. Das größere der beiden Sandmeere ist die Bardain Jaran Shamo. Sie interessierte mich schon aus historischen Gründen. Denn an ihrem nördlichen Rand, unweit der Grenze zur Mongolischen Republik, liegt Khara Khoto, die »Schwarze Stadt«, eine der eindrucksvollsten Relikte der Seidenstraße. Der venezianische Kaufmann Marco Polo hatte diese Stadt auf seiner Reise nach Peking besucht. Er nannte sie Edzina. Zu Beginn des 20. Jahrhunderts, während des so genannten »internationalen Wettrennens« um die vom Wüstensand verwehten Spuren der antiken Kultur der Seidenstraße, fand der russische Forscher Koslov dort einen ungeheuren Schatz. In einem Stupa, einem buddhistischen Reliquienschrein, den er abtragen ließ, kamen einzigartige Figuren, Rollbilder und Schriften zum Vorschein, Zeugen eines längst untergegangenen Reiches namens Xixia, das hier vor mehr als tausend Jahren blühte. Den größten Teil der Beute konnte der Russe nicht fortschleppen, denn es überstieg die Kapazität seiner Karawane. Er vergrub sie, um sie später zu holen. Doch er versteckte sie so gut, dass er sie selber nicht mehr wiederfand. Und auch andere, die nach ihm kamen, wie der Brite Aurel Stein oder der Schwede Sven Hedin, suchten vergeblich danach. Aller Wahrscheinlichkeit nach sind die Schätze noch immer dort.

Ich erinnere mich an das aufregende Gefühl, das sich unser aller bemächtigte, als wir diese tote Stadt in der Wüste erreichten und in ihren verfallenen Mauern umherliefen, im Wissen, dass darin irgendwo der Koslov-Schatz versteckt sein musste. Danach zu suchen stand außer Frage. Denn jeder unserer Schritte wurde von einem Vertreter der lokalen Behörde überwacht. Damals, im Jahre 1994, bedurfte es noch einer Sondererlaubnis, um überhaupt in dieses Gebiet reisen zu dürfen. Nicht nur wegen der archäologischen Kostbarkeiten, die der öde Wüstensand in und um Khara Khoto birgt, sondern vor allem auch wegen der brisanten militärischen Lage. Bis zum Zerfall der Sowjetunion war das Gebiet überhaupt für Ausländer gesperrt und erst nach diesem umwälzenden Ereignis, das die Landkarte Zentralasiens veränderte, lüftete sich ein wenig der Mantel militärischer Geheimniskrämerei. Doch nach wie vor unterhält China Raketenbasen am Nordrand der Wüste, gibt es sogar einen Schienenstrang, der in einem militärischen Sackbahnhof endet. Deshalb erlaubten uns die chinesischen Behörden die Durchquerung der Bardain Jaran Shamo nur mit der Auflage, dass wir mit unserer Karawane den 40. Breitengrad nach Norden nicht überschritten. Das hatten wir auch gar nicht vor, denn meine geplante Route, sie an der breitesten Stelle von Osten nach Westen zu durchmessen, verlief ohnehin etwas südlich davon. Keiner von uns ahnte, was uns erwarten würde, als wir von Monggon Bulag, einer kleinen Hirtensiedlung, in die Wüste aufbrachen. Selbst die Mongolen, die uns mit ihren Kamelen begleiteten, hatten erstaunlich wenig Kenntnisse. »Nur wenn sich unsere Kamele verlaufen«, gestanden sie ein, »folgen wir ihnen in die Wüste hinein und kehren auf derselben Strecke wieder zurück.«

Zu unserer Enttäuschung war von der Wüste zunächst nichts zu spüren – jedenfalls von dem, was wir uns unter einer Wüste vorstellten. Statt durch Sanddünen liefen wir zunächst tagelang über langweilige flache Dornbuschsteppe. Was dann folgte, überstieg unsere kühnsten Erwartungen. Wir gerieten in ein ganzes Gebirge aus Sand, Dünenberge, die von Tag zu Tag höher wuchsen, die uns als geschlossene Formationen entgegentraten, die Kämme gegen unsere Bewegungsrichtung verlaufend, so dass wir gezwungen waren sie zu überqueren. Inzwischen haben Geologen festgestellt, dass es hier die höchsten Sanddünen der Welt gibt. 430 Meter betrug die Höhe an einer der Megadünen, die sie erstiegen. Dabei hatten sie nur einen kleinen Teil der Wüste erforscht. Gut möglich, dass es noch höhere Sandgebilde gibt. Jedenfalls steckte unsere Karawane bald fest in diesem »Himalaja« des Sandes. Die Suche nach Wasser und nach einem für die schwer beladenen Kamele gangbaren Weg wurde zum Kriterium für unsere Expedition. Wie durch ein Wunder stießen wir mehrmals auf Seen – Salzseen, deren Wasser für Kamele noch bekömmlich war. Auf diese Weise kamen wir durch. Erst später, nach weiteren Touren, fand ich heraus, dass wir auf unserer Route den nördlichen Rand eines Seengebietes gestreift hatten, das sich nur über 40 Kilometer Ausdehnung erstreckt. Sie sind nicht nur das große Naturwunder dieser Wüste, sondern auch Existenzgrundlage für Mensch und Tier. An bestimmten Seen haben sich einzelne Familien niedergelassen. Sie haben Brunnen gegraben, bewässern damit winzige Gemüsegärten und leben isoliert und nahezu autark von Kamelzucht im Inneren der Wüste. An einem der schönsten Seen haben buddhistische Mönche ein Kloster gegründet. Es macht den Ort zu einer vollkommenen Oase, für Körper und Geist.

Im Jahre 1996 glaubte ich etwas tun zu können, was ich vorher selbst für undurchführbar hielt, nämlich diese Sandwüste im Alleingang zu durchqueren, ohne den Tross einer Karawane, ohne Kontakt zur Außenwelt, ohne künstlich angelegte Wasserdepots. Diese Idee faszinierte mich, weil ich glaubte, dadurch die Wüste noch viel intensiver erleben und erfahren zu können. Das tat ich dann auch, aber auf ganz andere Art und Weise, als ich es mir vorher ausgemalt hatte. Schnell waren die Grenzen erreicht. Schon nach vier Tagen war der letzte Wassertropfen verbraucht und ich musste gegen die Zeit und gegen die tödliche Austrocknung des Körpers anlaufen. Mit knapper Not, halb verdurstet, konnte ich mich zu einem Hirten retten und schwor, nie wieder Derartiges zu wagen.

In den darauf folgenden Jahren besuchte ich zwar mehrmals diese Wüste, doch ich blieb stets auf sicheren Pfaden im Seengebiet des südlichen Teils, ohne die Route von 1994 ein weiteres Mal zu berühren.

Im Laufe der Zeit lernte ich nicht nur die einzigartige Schönheit dieser Wüste kennen und schätzen, sondern wurde auch der Veränderungen gewahr, die sich im letzten Jahrzehnt hier vollzogen. Zunehmende Trockenheit setzt auch den abgehärteten Wüstenbewohnern immer mehr zu. Mehr als die Hälfte ihrer Kamele fielen dem immer knapper werdenden Wasser und Futter zum Opfer. Das Problem ist weitgehend hausgemacht. Durch han-chinesische Zusiedlung aus dem überbevölkerten Osten und Süden des Landes wurden immer mehr Menschen an die Ränder der Wüste umgesiedelt. Dort wurden mit rasender Geschwindigkeit neue Städte aus dem Wüstenboden gestampft und ehemalige Oasen weit ausgedehnt. Doch die Menschen brauchen zum Leben vor allem Wasser. Dieses wird von den Flüssen entnommen, die einstmals von den eisbedeckten Randgebirgen Tibets in die Wüste strömten. Heute kommt kaum noch Wasser in die Wüste. Die Folge: Flüsse und Seen trocknen aus, Oasen gehen zu Grunde, der Grundwasserspiegel sinkt immer weiter ab. Jetzt hat die Regierung ein Notprogramm gestartet. Durch Anreize sollen die letzten der verbliebenen Bewohner animiert werden, die Wüste zu verlassen und in den Städten am Rande eine neue Existenz zu begründen. Die meisten werden diesem Aufruf folgen, nicht alle. Gleichzeitig kam eine neue Gattung von Menschen in die Wüste. Sie kamen nicht, um dort zu leben, sondern aus Profitgier, nur um die Ressourcen auszubeuten. Sie kommen mit Fahrzeugen und bleiben nur für kurze Zeit. Sie kommen zu den Seen. Dort gibt es zwar keine Fische, aber dafür tonnenweise eine winzige Krabbenart, die getrocknet zu Fischmehl verarbeitet wird. Immer häufiger begegnete ich während meiner Wüstenwanderungen ihren Spuren. Die Reifenabdrücke im Sand erschienen mir wie Schnittwunden, die man der Wüste beibringt, der achtlos weggeworfene Müll an den Raststellen oder die kaputten Fahrzeugteile befleckten ihre Reinheit.

Um noch einmal jene Unberührtheit der Wüste zu erleben, die ich bei der allerersten Durchquerung, die Gegenstand dieses Buches ist, kennen gelernt hatte, kam ich im Oktober 2003 noch einmal zurück nach Monggon Bulag, dem Ort, an dem alles begann. Doch anders als im Jahre 1994 verzichtete ich auf die Sicherheit und den Komfort einer nachfolgenden Karawane. Das »Nie mehr wieder« nach dem traumatischen Solo-Versuch von 1996 hatte sich in ein »Jetzt erst recht« gewandelt. Das »Scheitern« von damals betrachtete ich als den notwendigen Erfahrungsschritt. Mit ungleich mehr Erfahrungskapital im Gepäck und einer bis ins letzte Detail optimierten Ausrüstung lief ich los. Es wurde der Trip meines Lebens, die ultimative Wüstenerfahrung. Nie zuvor hatte ich eine ähnliche Intensität des »All-Eins«-Seins erlebt, nie zuvor mich in einem solchen Zustand an Geistesgegenwärtigkeit und Selbstverantwortung befunden, genährt aus dem Wissen um die eigenen Möglichkeiten und Grenzen.

Jetzt, während ich diese Zeilen schreibe, ist es erst wenige Tage her, seit ich abermals in dieser Wüste war. Mit einem britischen Fernsehteam war ich noch einmal zurückgekehrt, mitten im eisigen Winter. Meine mongolischen Freunde hatten uns enthusiastisch empfangen. Die Kunde von meiner gelungenen Allein-Durchquerung hat sich bis zum entlegensten Wüstenbewohner verbreitet und sie bereiteten uns ein großes Fest.

Freudestrahlend erzählten sie mir, dass sich nun endlich ein Investor gefunden hat, der bereit ist, 1 Million Yuan zur Entwicklung des Tourismus hier zu investieren. Sie haben vorgeschlagen, an einem der Salzseen Gästehäuser zu errichten und die Besucher mit mongolischer Folklore und Kamelreiten, Tretbootfahren und Sandrodeln bei Laune zu halten. Ich konnte nur schwer meine Betroffenheit verbergen. Sofort keimten die Bilder vom Wüsten-Disneyland bei Dunhuang in mir auf. Dort vertreibt die Spaßgesellschaft sich ihre teuer erkaufte Freizeit und die Stille der Wüste. Ich wollte wissen, an welchem See das Projekt geplant sei. Ich würde den See gut kennen, versicherten sie mir, es sei einer der schönsten, gleich der nächste nach dem Kloster. Ich verstand nur zu gut. Zunächst hätten sie daran gedacht, nur mongolische Jurten als Unterkünfte aufzustellen, aber der Investor aus Peking hätte ihnen zu verstehen zu gegeben, das sei zu primitiv, und deshalb würden nun feste Ziegelbauten errichtet, mit Duschen und Toiletten in »American Standard«. Ich fragte, wie sie solch luxusgewöhnte Klientel dorthin bringen wollten. »Mit dem Helikopter«, erwiderten sie.

Ich konnte verstehen, dass sie im Tourismus eine Chance sahen, zukünftig aus der Wüste Kapital zu schlagen. Ich war ja das lebende Beispiel für sie, welche Anziehungskraft die Wüste auf einen Fremden hatte. Vielleicht war es auch die einzige Chance, den einen oder anderen Bewohner noch in der Wüste zu halten. Ich hatte kein Recht, ihnen davon abzuraten, denn sie lebten hier, sie mussten ihre Existenz dieser kargen Landschaft abringen und ich wusste nur zu gut, dass die Wunder dieser Wüste ein touristisches Potential bergen. Trotzdem blutete mir das Herz beim Gedanken an diese Zukunft und ich tröstete mich mit der Hoffnung, dass nur ein See von vielen dafür geopfert würde und der größte Teil der Wüste bleibt, was es bisher war: ein Ort der Stille und Reflexion – und eine riesige Fußgängerzone aus Sand.

München, Februar 2004

KAPITEL 1

Dem Rätsel der Gobi auf der Spur

»Wohin wir auch in diesem gewaltigen Reich von Wüsten und Gebirgen unsere Schritte gelenkt haben, sind wir mit wunderbaren Ereignissen der Vergangenheit in Berührung gekommen. Überall haben sie auf dem runzeligen, uralten Antlitz der Erde ihre Spuren hinterlassen. Unsere Blicke gleiten gleichsam über die Blätter eines gigantischen Buches, das unter unseren Füßen liegt, und wir versuchen seine schwer zu lesende, oft ausgelöschte Schrift zu entziffern.«
SVEN HEDIN

Es war Marco Polo, der als erster Abendländer von den zentralasiatischen Wüsten Gobi und Takla Makan aus eigener Erfahrung berichten konnte. Im Frühjahr des Jahres 1271 brach der erst 17-jährige Marco zusammen mit seinem Vater und seinem Onkel, Nicolo und Maffeo Polo, zu einer schicksalhaften Reise auf. Die beiden älteren Polos, reiche venezianische Kaufleute, verfügten zu diesem Zeitpunkt bereits über große Asien-Erfahrung. In den Jahren 1261/62 hatten sie sich in Buchara aufgehalten, eine der blühenden Handelsstädte an den Seidenstraßen. Aufgrund kriegerischer Ereignisse – die Erben Dschingis Khans befehdeten einander – war ihnen der Rückweg nach Europa versperrt. Die einzige Route, die ihnen sicher schien, führte nach Osten.

Die Reise des Marco Polo

Auf diesem Umweg durchquerten sie Zentralasien und erreichten im Jahre 1264 den Hof des Mongolenkaisers Khubilai Khan in China. Dort wurden sie freundlich aufgenommen und gewannen bald das Vertrauen des Khans, der sie erst wieder entließ, nachdem sie versprochen hatten, dass sie wieder zu ihm zurückkehrten. Mit allem Komfort und den Privilegien offizieller kaiserlicher Botschafter ausgestattet, traten sie die Heimreise an. In ihrem Gepäck führten sie einen Brief Khubilai Khans mit, in dem er angeblich den Papst um die Entsendung von christlichen Gelehrten und Geistlichen bat. In Venedig angekommen, entledigten sich die Polos rasch ihres Auftrages und rüsteten – wie dem Khan versprochen – schon bald zur Rückreise nach China. Nicolo Polo beschloss, seinen Sohn Marco auf die lange Reise mitzunehmen. Seine Heimatstadt sollte Marco Polo erst nach mehr als 20 Jahren wiedersehen.

Die venezianischen Kaufleute folgten jenem legendären Fernhandelsweg, den man später, nach dem wertvollsten Gut, das man damals austauschte, die Seidenstraße nannte. Generationen von Händlern waren auf diesen Karawanenrouten entlanggezogen. Ideen, Kunststile und Religionen wurden darauf transportiert. Vertreter unterschiedlichster Glaubensbekenntnisse – Buddhisten, Manichäer und Nestorianer – lebten jahrhundertelang friedlich nebeneinander und ließen jene Kultur entstehen, die der Welt der Seidenstraßen ihr unverwechselbares Gepräge gab. Ihr Herzstück war das Tarim-Becken, die öde Wüste Takla Makan und die sie umgebende Oasenwelt.

Als Marco Polo diesen berühmtesten aller Karawanenpfade entlangzog, hatte die Seidenstraße ihre Glanzzeit längst hinter sich. Mit dem Einbruch des Islam war die buddhistische Kultur erloschen und die meisten der prunkvollen Orte waren unter dem Sand der Wüste verschwunden. Marco Polo betrat das Tarim-Becken im Bereich des alten Königreiches Kashgar. Anschließend folgte er der Südroute der Seidenstraßen ostwärts, entlang einer Kette von Oasen, die sich um den südlichen Rand der Takla Makan legten.

Mehr als ein halbes Jahrtausend zuvor war eine ganze Generation von buddhistischen Mönchen über diese Route von China nach Indien gepilgert. Die wenigen, die diese Pilgerfahrt überlebten, berichteten vom Reichtum der Wüstenkönigreiche, von glanzvollen Festen, Klöstern und Höhlenheiligtümern, die mit erlesenen Kunstwerken ausgestattet waren, die die reichen Kaufleute für ihr Seelenheil stifteten. Aber sie schilderten auch eindringlich die Gefahren und Schrecken der Wüste, die auf jeden lauerten, der die schützenden Mauern der Oasen verließ.

In den Passagen zwischen den Oasen lernte auch Marco Polo die berüchtigte Takla Makan etwas näher kennen. »Diese Wüste«, so hat er uns überliefert, »dient vielen bösen Geistern als Aufenthaltsort, die den Reisenden durch allerlei Blendwerk in die Irre zu leiten trachten.« Doch Marco Polo und seine Begleiter widerstanden allen Irritationen der Wüstengeister und erreichten sicher die Ufer des Sees Lop Nor, am dem sich die chinesische Garnisonsstadt Loulan befand. Damals lebten entlang der schilfbewachsenen Ufer des Sees noch Menschen, die sich vom Fischfang ernährten. Im Schatten der Pappelwälder lagerten schwer beladene Karawanen; da gab es Tiger, Antilopen und wilde Kamele, die in der Nähe umherstreiften. Die Polos waren die ersten und zugleich letzten europäischen Augenzeugen einer sterbenden Welt. In den darauf folgenden Jahrhunderten hat der Tarim-Fluss sein Bett verlagert. Der Lop Nor und die alte Stadt Loulan verschwanden im Sand der Wüste. Am Ende des Tarim-Flusses aber entstand ein neuer See. Die Natur hatte es so eingerichtet, dass der Lop Nor von Zeit zu Zeit wanderte. Heute ist der See gänzlich vertrocknet. Rigide Eingriffe des Menschen in das Ökogefüge löschten das einstige Wunder der Takla Makan aus, und selbst die gefürchteten Wüstengeister des Marco Polo haben Gestalt angenommen. Das salzverkrustete, verödete Lop-Nor-Becken ist heute Chinas atomares Testgelände.

Der Weiterweg der Polos führte nun durch die gefährliche Kumtag-Wüste, die sie von West nach Ost durchwanderten und von der Marco ein Furcht einflößendes Szenario entwarf. »Sie besteht ganz und gar aus Hügeln und Tälern aus Sand, und nichts Essbares ist in ihr zu finden«, berichtete er. »Die Ausdehnung dieser Wüste«, so ließ er die Nachwelt wissen, »ist so groß, dass es ein Jahr und mehr in Anspruch nimmt, von ihrem einen Ende bis zum andern zu reiten. Und hier, wo ihre Breite am geringsten ist, dauert es einen Monat, sie zu durchqueren.« Über eine Kette von Signaltürmen, die den exponierten Karawanenweg sicherten, erreichten sie das westliche Ende der Großen Mauer. Hier betraten sie Cathay, wie Marco Polo China nannte, jenes sagenhafte Reich von Khubilai Khan, das die beiden älteren Polo-Brüder von der früheren Reise her kannten. Doch zunächst galt es den Gansu-Korridor zu überwinden, eine schmale Passage zwischen der Wüste Gobi und dem Hochland von Tibet. Von Norden her bedrängt die Alashan-Wüste mit ihren mächtigen Sandbergen den Durchschlupf, während im Süden die schneebedeckten Gipfel der tibetischen Randgebirge eine in den Himmel geschriebene Grenze bilden. Trotz des abweisenden Charakters der Sandberge, die den südlichen Rand der Gobi markieren, war die Wüste für den Menschen nie ein trennender Wall, sondern höchstens ein Hindernis, das Glaube und Handel überwanden. Auf verschiedenen Wegen, die die Sandmeere umgingen, von Oase zu Oase, von Brunnen zu Brunnen durchzogen die Karawanen die Gobi. Marco Polo lernte sie nur vom Hörensagen kennen. Er berichtete von einer Stadt inmitten der Wüste. Sie lag in der Provinz Tangut und hieß Edzina (Khara Khoto) – die schwarze Stadt. Die Bewohner waren für ihn »Götzendiener«, seine Bezeichnung für Buddhisten. Dem Reisenden aber riet er, sich dort für vierzig Tage mit Lebensmitteln einzudecken, denn so lange würde man brauchen, um die im Norden gelegene Sandwüste zu durchwandern.

Im Juli 1275, also vier Jahre nach ihrer Abreise von Venedig, erreichten sie Shangtu, die Sommerresidenz Khubilais im Dolon-Nor-Gebiet. Auch Marco gelang es – wie zuvor Nicolo und Maffeo –, das Vertrauen des Kaisers zu gewinnen und in die Reihen jener nichtmongolischen und nichtchinesischen Würdenträger aufgenommen zu werden, die eine eigene Elite am Hof bildeten. In dieser Eigenschaft reiste er in die entfernten Provinzen Sichuan und Yunnan und darüber hinaus bis nach Ceylon und Indochina.

Khubilai Khan, ein Nachkomme des jüngsten Dschingis-Khan-Sohnes Tolui, hatte sich gegen seinen jüngeren Bruder Arig Böke zum Khan ausrufen lassen und damit gegen das mongolische Erbrecht des Letztgeborenen verstoßen. Er bemächtigte sich des Khanats China, eines von vier Teilreichen, das aus dem zerfallenen Steppenimperium des Dschingis Khan hervorgegangen war. Im Gegensatz zu den anderen Teilreichen gingen die im Khanat China herrschenden Mongolen nicht in der einheimischen Bevölkerung auf und waren deshalb imstande, als ihre Herrschaft (die Yüan-Dynastie) zerfiel, wieder in ihre frühere Heimat zurückzukehren und ihr Dasein in der Steppe fortzusetzen.

Getreu dem Vorbild Dschingis Khans suchte Khubilai sein Khanat durch Eroberungsfeldzüge auszudehnen. Er unterwarf den letzten Rest des von der Sung-Dynastie noch beherrschten Teiles von China, unternahm einen Angriff auf Japan und drang im Süden bis nach Java vor. In die Zeit des Aufenthaltes von Marco Polo fiel auch der Ausbau von Kambalu (das spätere Peking) zur Hauptstadt des Khanats. Der Venezianer beschrieb eindrucksvoll das Leben am Hofe, mit all dem Prunk und den Festlichkeiten, die die aufblühende Kaiserstadt entfaltete. Khubilai Khan pflegte sich mit einer ausgewählten Schar nichtmongolischer Berater zu umgeben, die eine eigene Klasse darstellten und in der Hierarchie der herrschenden Mongolenclique weit über den Chinesen rangierten. Zu dieser

Gruppe zählte auch Marco Polo. Eine ähnliche Offenheit wie gegenüber diesen Fremden selbst brachte der Khan deren unterschiedlichen Glaubensbekenntnissen entgegen. Die Polos waren Kaufleute und keine Missionare, dennoch versuchten sie, den Mongolenherrscher von ihrem christlichen Glauben zu überzeugen.

Dass dies nicht gelang, lag – wenn man Marco Polo Glauben schenken darf – vor allem an jenen buddhistischen Gelehrten aus Tibet, die durch ihre übernatürlichen Fähigkeiten den Khan samt seinem Hofstaat tief beeindruckten. »Warum«, ließ Khubilai wissen, »sollte ich ein Christ werden? Ihr müsst selbst zugeben, dass die Christen in meinen Ländern keine Wunder ausrichten können. Dagegen seht ihr, dass die Heiden tun können, was sie wollen. Wenn ich bei Tisch sitze, kommen die gefüllten Becher, ohne dass eine menschliche Hand sie berührt, zu mir, und ich trinke daraus. Die heidnischen Zauberer haben Gewalt über das böse Wetter und können es in eine andere Himmelsgegend verbannen. Sie haben auch noch viele andere Gaben dieser Art. Ihr seid Zeugen, dass die heidnischen Götzen reden und vorhersagen können, was man von ihnen verlangt. Aber kehrt zu eurem Papst zurück«, forderte er die Polos auf, »und bittet ihn in meinem Namen, er möge hundert Männer schicken, die sich in eurer Glaubenslehre sehr gut auskennen, damit man sie den Heiden gegenüberstellen kann. Diesen sollen sie ihre Macht zeigen und darlegen, dass sie selbst über ähnliche Wunderkräfte verfügen, sie aber nicht ausüben wollen, weil sie Teufelswerk sind.«

Marco Polo, der diesen Wortlaut in seiner Reiseerzählung dem Mongolenkaiser in den Mund legte, vermittelte damit dem Abendland die trügerische Hoffnung, dass der Khan und mit ihm seine Untertanen nur auf die Heil bringende Botschaft warteten. Auch sonst sparte Marco Polo nicht mit Lob für den »Großkhan«, und er schwelgte in Superlativen, wenn es darum ging, Taten, Reichtum und Macht Khubilais zu beschreiben. Deshalb wurde seine »Beschreibung der Welt«, die nach seiner Rückkehr ein Mitgefangener in einer genuesischen Gefängniszelle aufgezeichnet hatte, zunächst als Sammlung von Lügengeschichten abgetan. »Il Milione« – Tausendlügner – spotteten die Venezianer, obwohl, wie wir heute wissen, Marco Polos Schilderungen weitgehend der Wahrheit entsprachen und eine wertvolle Quelle über das Leben im Reiche Khubilai Khans darstellen.

Meister Wilhelms Reise zu den Mongolen

Hartnäckig hielten sich in Europa Gerüchte, dass es auch Mongolenfürsten gebe, die das Christentum angenommen hatten. Ein solches Gerücht, nämlich die Kunde von einem Mongolenherrscher namens Sartaq, der sich angeblich hatte bekehren lassen, drang auch an die Ohren des flämischen Franziskaners Wilhelm von Rubruk und versetzte ihn in helle Aufregung. Der Zeitgenosse Marco Polos, kreuzfahrender Verfechter des Glaubens, bat seinen König, Ludwig IX. von Frankreich, um die Erlaubnis, als Missionar bei den Mongolen zu wirken. Der wollte sich nicht der aufopfernden Mission des Untertans verschließen und stattete ihn mit einem Begleitschreiben an den Mongolenfürsten aus. Damit brach Wilhelm im Jahre 1252 vom Kreuzfahrerhafen Akko auf und reiste über Konstantinopel und die Krim zum Lager des Sartaq. Der Mongole, weit davon entfernt, ein Christ geworden zu sein, konnte offenbar mit dem Missionar wenig anfangen und schickte ihn weiter zu seinem Vater Batu, Herrscher über das Khanat Kiptschak, der mit seinen Getreuen an der Wolga lagerte. Batu betrachtete Wilhelm als offiziellen Gesandten des Königs von Frankreich und verwies ihn nach diplomatischem Brauch gleich weiter an die 4000 Kilometer entfernte mongolische Hauptstadt Karakorum, wo der Großkhan Möngke mit seinem Hofstaat residierte.

Die Reise nach mongolischer Art machte Wilhelm von Rubruk und seinen Begleitern schwer zu schaffen. »Gar nicht aufzuzählen ist, was alles an Hunger und Durst auszuhalten war«, schrieb er später in seinen Reiseerzählungen. Doch der Franziskaner hielt tapfer durch, ohne sich bei seinen mongolischen Führern zu beklagen. Bedauerlich fand er nur, dass er bei den mongolischen Zelten, an denen sie von Zeit zu Zeit vorbeikamen, die Gelegenheit, »viel guten Samen auszustreuen«, nicht nutzen konnte, weil ihm kein Dolmetscher zur Seite stand. Die Verständigungsschwierigkeiten hörten auch nicht auf, als er am Hof des Großkhans eintraf, wo er und seine Begleiter recht kühl empfangen und wegen ihrer Barfüßigkeit wie Wundertiere bestaunt wurden. Nachdem ein am Hofe zufällig anwesender Ungar, der die Regeln des Ordens kannte, den Mongolen über die seltsamen Fremden Rede und Antwort stand, wurde Wilhelm von Rubruk auch dem Großkhan vorgeführt. »Er ließ uns dann fragen, was wir trinken wollten. Ich erwiderte darauf: ›O Herr, wir sind nicht Leute, die sich mit Trinken vergnügen. Uns genügt, was Ihr uns immer zu geben geruht.‹ Da ließ er uns Reisbier reichen, das so klar und wohlschmeckend war wie Weißwein. Davon kostete ich ein wenig aus Ehrerbietung gegen ihn. Aber zu unserem Unglück stand unser Dolmetscher neben den Mundschenken, die ihm viel zu viel zu trinken gaben, sodass er bald betrunken war.« Der Dolmetscher war kaum mehr zu gebrauchen, und um verhängnisvollen Missverständnissen auszuweichen, vermied es Wilhelm, heikle theologische Fragen aufzuwerfen. Am Ende der Audienz bat er den Mongolenherrscher um die Erlaubnis, bis zum Ende der kalten Jahreszeit bleiben zu dürfen, weil einer seiner Begleiter von den bisherigen Strapazen so erschöpft war, dass er kaum die Rückreise im grimmigen mongolischen Winter überlebt hätte. Worauf der Großkhan entschied, dass sie zwei Monate in Karakorum bleiben dürften.

Der erhoffte Erfolg seiner Mongolenmission blieb »Meister Wilhelm« jedoch gänzlich versagt. Statt dessen betätigte er sich in der Steppenmetropole als Baumeister und errichtete, »weil es sich nicht gut ansah, wenn man dort Schläuche aus Milch und anderen Getränken hineintrüge«, dem Khan einen großen silbernen Baum, an dessen Fuß vier Löwen ruhten, gleichfalls aus Silber, die weiße Stutenmilch ausspeien konnten. Auch im Inneren des Baumes befanden sich Röhren, aus denen wahlweise vergorene Stutenmilch, Reisbier oder Bal, eine Art Honiggetränk, floss. Das raffinierte Bauwerk, ein gelungener Beitrag zur Verbesserung der Arbeitsbedingungen höfischer Mundschenke, war von einem Engel gekrönt, dessen Trompete von einem Menschen, der sich in einem Hohlraum versteckte, zum Tönen gebracht werden konnte.

Als der Tag seiner Abreise nahte, wurde Wilhelm von Rubruk noch einmal von Möngke Khan empfangen. Nach einer langen Rede über den Glauben der Mongolen verkündete der Khan abschließend die folgenschweren Worte: »Euch also gab Gott die Heilige Schrift, aber ihr haltet sie nicht. Uns aber hat er die Weissager gegeben, und wir unsererseits tun, was sie uns sagen, und leben in Frieden.« Damit zeigte sich endgültig, dass der Glaube an ein christliches Mongolenreich nichts anderes als ein Fantasiegebilde war und somit auch die Hoffnung auf eine christlich-mongolische Allianz gegen die Muslime jeglicher Grundlage entbehrte.

Am 12. Juli 1254 trat Wilhelm von Rubruk von Karakorum aus die Rückreise an und erreichte ein gutes Jahr später Akko. Hier verfasste er sein an Ludwig IX. gerichtetes »Itinerarium«. So wenig Erfolg seiner Mongolenmission beschieden war, so hoch ist sein »Reisebericht« einzuschätzen. Kein anderer Zeitgenosse hat mit besserer Feder das Leben der Mongolen und die Geografie des Landes aufgezeichnet, und auch Marco Polos »Beschreibung der Welt« reicht bei weitem nicht an das »Itinerarium« heran.

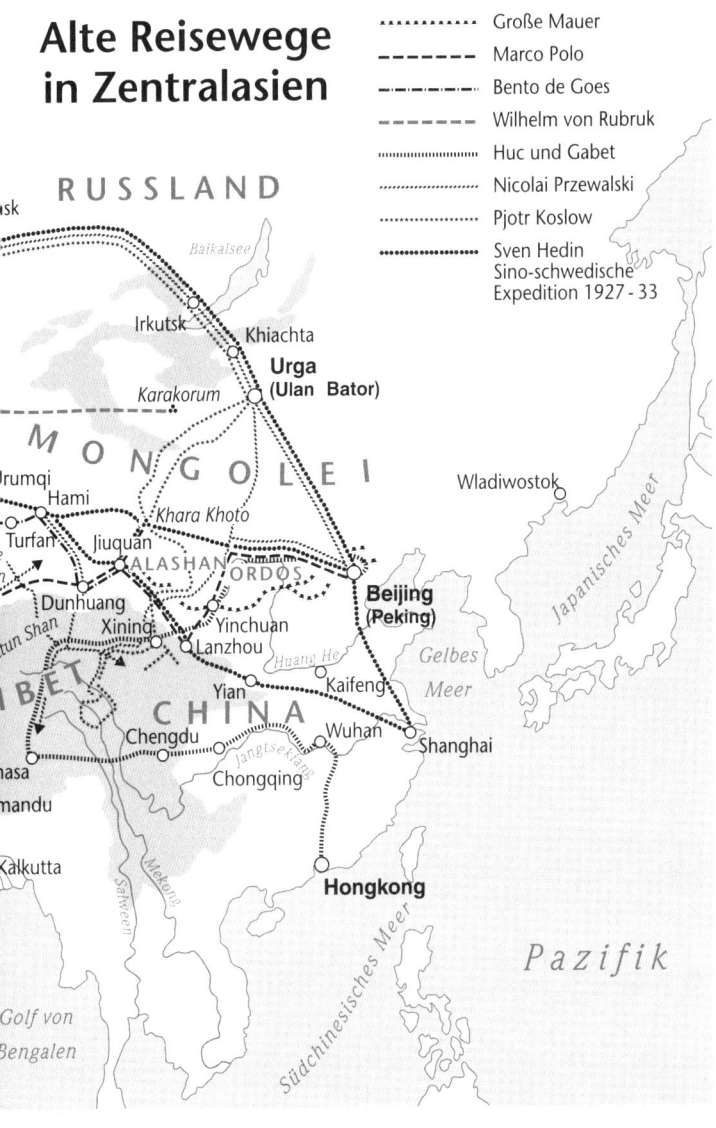

Alte Reisewege in Zentralasien

··········	Große Mauer
- - - - - -	Marco Polo
-··-··-··-	Bento de Goes
– – – – –	Wilhelm von Rubruk
▪▪▪▪▪▪▪▪▪▪	Huc und Gabet
···········	Nicolai Przewalski
············	Pjotr Koslow
●●●●●●●●●●	Sven Hedin Sino-schwedische Expedition 1927 - 33

RUSSLAND

Baikalsee

Irkutsk

Khiachta

Urga (Ulan Bator)

Karakorum

MONGOLEI

Wladiwostok

Japanisches Meer

Urumqi

Hami

Khara Khoto

Turfan

Jiuquan

ALASHAN

ORDOS

Beijing (Peking)

Dunhuang

Xining

Yinchuan

Lanzhou

Huang He

Gelbes Meer

Altun Shan

TIBET

Yian

CHINA

Kaifeng

Chengdu

Wuhan

Shanghai

Lhasa

Chongqing

Jangtsekiang

Kathmandu

Mekong

Salween

Kalkutta

Hongkong

Golf von Bengalen

Südchinesisches Meer

Pazifik

Obwohl sich die Mongolen nicht zum Christentum bekehren ließen und zu Zeiten Dschingis Khans und seines Nachfolgers sogar eine ernste Bedrohung für das Abendland darstellten, waren gerade sie es, die, wie nie zuvor in der Geschichte, den Westen mit dem Osten in Kontakt brachten. Mit dem Niedergang der Mongolenreiche im 14. Jahrhundert rückten dann Europa und der Ferne Osten wieder unerreichbar auseinander. Die Landwege nach und durch Innerasien waren für Jahrhunderte durch die Moslems versperrt. Indessen erreichten europäische Seemächte mit ihren Schiffen die Küsten des Fernen Ostens. Im Windschatten der Seefahrer kamen auch die Missionare. Zu den ersten gehörten portugiesische Jesuiten. Sie hatten zu Beginn des 17. Jahrhunderts bereits Missionen in China und Indien gegründet. Offenbar blieb den frommen Männern neben ihrer seelsorgerischen Tätigkeit viel Zeit, um sich mit allerlei profanen Dingen zu beschäftigen. Nur so lässt sich der Disput erklären, der zwischen Matteo Ricci, dem Leiter der Jesuitenmission in Peking, und seinen Kollegen in Indien entbrannte. Mehr als 300 Jahre zuvor hatte der Venezianer Marco Polo das Reich Cathay beschrieben. Aber seitdem hatte es sich in Luft aufgelöst, jedenfalls für die Jesuiten in Indien. Matteo Ricci hingegen behauptete, wohl nach einschlägigen Recherchen vor Ort, dass der geheimnisumwitterte Name Cathay nichts anderes als der alte Name für China sei. Das wollten die Jesuiten Indiens nicht glauben, und um diese Frage ein für allemal zu klären, beschlossen sie, einen Kundschafter auszuschicken, der das gesamte Innere Asiens, vom Indischen Ozean bis zum Chinesischen Meer, durchqueren sollte.

Die Wahl für diese schwierige Aufgabe fiel auf den 41 Jahre alten Bento de Goes. De Goes, der vorher Soldat war, bevor er zum Himmelsstreiter aufstieg, galt als reiselustig und diente zuletzt als

Emissär am Hof des Mogulherrschers in Agra. Im Jahre 1603 brach er zu seiner Suche nach Cathay auf. In Lahore, seiner ersten größeren Station, machte er längere Zeit Halt. Um durch die vor ihm liegenden, von fanatischen Moslems bewohnten Gebiete einigermaßen unbehelligt zu kommen, legte er sich die Verkleidung eines Moslemhändlers zu. Außerdem schloss er sich einer großen Karawane an, denn der Weg nach Kabul wurde auch noch von Banditen unsicher gemacht. Diese wussten, was sie ihrem Ruf schuldig waren. Sie schreckten nicht einmal davor zurück, die große Karawane von 500 Leuten mit ihrer Eskorte von 400 Soldaten anzugreifen. De Goes wurde dabei von der Karawane abgeschnitten und von vier blutrünstigen Räubern bedroht. Räuber sind eine Sache, sich ihrer zu erwehren, eine andere. De Goes hatte da seine eigenen Methoden. Als sich die finsteren Gesellen auf ihn stürzen wollten, warf er ihnen seine mit Juwelen besetzte Kopfbedeckung vor die Füße und entkam, während sie sich um die Beute stritten.

Nach einer sechsmonatigen abenteuerlichen Reise erreichten sie Kabul. Hier fand der Jesuit Anschluss an eine Karawane, die nach Yarkand ins Tarim-Becken weiterzog. Auf ihrem beschwerlichen Weg galt es, das Dach der Welt, die schneebedeckten Pässe des Hohen Pamir, zu überwinden. Die dünne Höhenluft und die starke Kälte machten dem Jesuiten schwer zu schaffen, und als er mit der Karawane schließlich Yarkand erreichte, wollte er sich zunächst einmal eine längere Ruhe gönnen. Daraus wurde aber nichts. Denn wütende Moslems wollten ihn auf der Stelle töten, als sie seine Verkleidung durchschauten. Buchstäblich in letzter Minute konnte ihn der lokale Fürst vor der aufgebrachten Meute retten. Danach besuchte er Khotan, wo er als erster Europäer die berühmten Jademinen sehen durfte. Der Weg nach »Cathay« führte den Jesuiten nun über die Oasen am Rande der Takla Makan nach Hami ins östliche Turkestan. Als Nächstes galt es, die Ausläufer der Gobi-Wüste zu durchqueren. Die wasserlose Einöde flößte ihm »größte Furcht« ein; überall lagen ausgebleichte Knochen von Menschen und Tieren, die erbarmungswürdigen Reste vom Wege Abgekommener.

Ende des Jahres 1605 kam die Karawane in Suchou an, einer heruntergekommenen Handelsstation im Gansu-Korridor. Von seinen Mitreisenden erfuhr de Goes nun, dass dieser Außenposten die westlichste Grenze von Cathay sei. Er hatte also das Ziel seiner Reise, aber auch seines Lebens, erreicht. Kurze Zeit später traf eine Gruppe von Händlern aus Peking ein, die ihm zu seiner Freude bestätigten, dass er sich tatsächlich in Cathay – China – befinde. Einer von ihnen war ein Bekannter von Pater Ricci, und er bot sich an, eine Nachricht für ihn mit nach Peking zu nehmen. Es verging ein Jahr, bis de Goes Antwort von Ricci erhielt. In der Zwischenzeit waren seine moslemischen Begleiter immer zudringlicher geworden und hatten ihn wahrscheinlich vergiftet. Als die Nachricht Riccis eintraf, er solle weiter ostwärts nach Peking reisen, war es schon zu spät. De Goes war ein dem Tode geweihter Mann. Kurze Zeit später starb er, seine Habseligkeiten samt Tagebüchern verschwanden spurlos. »Auf der Suche nach Cathay«, so schrieb einer seiner Jesuitenbrüder später, »fand er den Himmel.«

Durch die Mongolei nach Tibet – eine wundersame Reise

Mehr als 200 Jahre wagte sich kein Europäer mehr in das Herz von Zentralasien. Der fatale Ausgang von de Goes' Mission setzte weiteren Erkundungen für lange Zeit ein Ende. Erst zur Mitte des 19. Jahrhunderts gab es einen neuen Anlauf. Wiederum waren es Ordensmänner, vom Auftrag »Gehet hin und lehret alle Völker« beseelt, die sich anschickten, in kaum bekannte Regionen Innerasiens vorzudringen. An den ersten Septembertagen des Jahres 1844 rüsteten die beiden Lazaristen Regis Evariste Huc und Joseph Gabet zu einer denkwürdigen Reise, die sie weit über ihren eigentlichen Auftrag hinausführen sollte. Im Gegensatz zu ihren Vorgängern wie Wilhelm von Rubruk oder Bento de Goes waren die beiden hervorragend auf das Unternehmen vorbereitet. Huc hielt sich zwei Jahre lang in der Nähe von Peking auf, zum Studium der chinesischen Sprache und zum Einarbeiten in seine missionarische Tätigkeit. Da es zu dieser Zeit den christlichen Missionaren in China bei Todesstrafe untersagt war, ihre Lehre zu verbreiten, hatte sich Huc eine Verkleidung als chinesischer Händler zugelegt. Hier erprobte er erstmals mit Erfolg jene Verkleidungsstrategie, die ihm später so nützlich sein sollte. Das strenge Verbot christlicher Missionstätigkeit erstreckte sich nur auf das chinesische Kernland – für die Mongolei hingegen galt es nicht. Mit Freude nahm Huc deshalb das Angebot an, in das mongolische »Tal der schwarzen Gewässer« jenseits der Großen Mauer zu übersiedeln. Unter seinem Vorgesetzten – Abbé Joseph Gabet – widmete er sich eingehenden Studien der mandschurischen und mongolischen Sprache. Gemeinsam mit Gabet plante er auch die große Missionsreise in die Mongolei. Mit dem Auftrag des apostolischen Vikars, unter den Stämmen der nördlichen Mongolei zu missionieren, brachen sie am 10. September 1844 von ihrer kleinen Station auf.

Der abenteuerlustige Huc, die treibende Kraft im Duo, ließ von Anfang an keine Zweifel daran, dass er es auf Neuland abgesehen hatte. »Von jetzt ab«, so verkündete er stolz, »gibt es keine Pfade mehr, auf welchen schon vor uns Missionare gewandelt wären.« Zum Schrecken seiner Begleiter – chinesische Christen aus der Missionsstation –, die die beiden Lazaristen noch ein Stück des Weges begleiteten, streifte Huc vor ihren Augen die chinesische Maskerade ab. Anschließend baten sie ihren konvertierten mongolischen Lama-Begleiter, ihnen die Mandschu-Zöpfe abzuschneiden und den Kopf kahl zu rasieren. »Dann zogen wir einen weiten Rock an, der auf der rechten Seite mit fünf vergoldeten Knöpfen geschlossen wurde, legten einen roten Gürtel um und zogen über den Rock eine rote Jacke mit einem kleinen Kragen aus veilchenfarbenem Samt. Dazu kam noch eine gelbe Mütze mit rotem Büschel, und unser Lamaanzug war fertig.«

Mit der für Tibet und die Mongolei üblichen Tracht buddhistischer Mönche, »welche der Würde unseres geistlichen Standes entsprach«, wie Huc bemerkte, setzten sie ihre Reise nunmehr in Begleitung ihres Mongolen-Lamas fort. Ihr Gepäck beförderten zwei Lastkamele, während Gabet hoch zu Ross auf einem Schimmel und Huc selbst auf einer Kamelstute einherritten. Der Umgang mit den eigenwilligen »Wüstenschiffen« war gewöhnungsbedürftig, sodass sie anfänglich nur sehr langsam vorankamen. Zum Standard damaligen Reisens hingegen gehörte die Bedrohung durch Räuber. Das hatte sich auch seit de Goes' Zeiten nicht geändert. Nur schienen die Räuber in der Zwischenzeit einen Kursus für gutes Benehmen absolviert zu haben. Denn gemäß Huc näherten sich diese dem Reisenden mit äußerster Höflichkeit und fragten bescheiden: »Mein lieber älterer Bruder, es wird mir zu beschwerlich, zu Fuß zu gehen; willst du mir nicht dein Pferd leihen? Auch habe ich kein Geld; also borge mir deine Börse. Heute ist es auch recht kalt; du kannst mir wohl deinen Rock geben.« Tut der »ältere Bruder« das, so sagte man ihm: »Schönen Dank, Bruder«, »aber wenn er sich weigerte«, so berichtet Huc, »dann nehmen sie ihm nicht bloß Geld, Kamele oder Pferde ab, sondern ziehen ihm auch die Kleider aus, dass er vor Frost und Hunger eines elenden Todes stirbt.«

Die beiden Lazaristen durchzogen nun die wüstenartigen Steppen der Inneren Mongolei, besuchten buddhistische Klöster und kehrten in Jurten ein, die am Wege lagen. Dabei sammelten sie eine Menge Informationen über das Leben der Mongolen in der ausklingenden Mandschu-Ära. Es blieb ihnen auch nicht verborgen, dass chinesische Siedler immer tiefer in das Grasland vordrangen und das freie Weideland in Ackerland umwandelten, sodass die Mongolen bald keine Möglichkeit hatten, ihr traditionelles Leben fortzuführen. »Es ist eine Schande, wie die Mongolen belogen und betrogen werden«, entrüstete sich Huc. In aller Ausführlichkeit erzählt er von der Bekanntschaft mit einem sonderbaren Chinesen, der sich als »Mongolenfresser« ausgab. »Wir Kaufleute«, so verkündete der Chinese stolz, »fressen die Mongolen auf mit Haut und Haar. Wenn sie zur Stadt kommen, wollen sie alles haben, was sie sehen. Dafür reicht dann ihr Geld nicht aus, wir greifen ihnen unter die Arme, geben ihnen die Sachen auf Borg, und sie müssen natürlich mehr bezahlen, etwas um dreißig bis vierzig vom Hundert. Das ist doch ganz in Ordnung? Dann summen sich die Zinsen auf, und wir rechnen Zins auf Zins. In der Mongolei geht das, in China stehen dem die kaiserlichen Gesetze entgegen. Eine Schuld in der Mongolei kann nie verjähren, sondern vererbt sich auf Kind und Kindeskind. Alljährlich holt man die Zinsen ein, die mit Schafen, Kamelen, Pferden, Ochsen und dergleichen beglichen werden. Wir nehmen das Vieh zum niedrigsten Preis und verkaufen es dann möglichst teuer auf den Märkten. Ah, solch eine bei den Mongolen ausstehende Schuld ist eine profitable Sache, eine wahre Goldgrube!«

Dann verlassen Huc und Gabet wieder den Bereich fester menschlicher Ansiedlungen, und nachdem sie unter großen Schwierigkeiten den Hochwasser führenden Gelben Fluss überwunden hatten, durchzogen sie die Ordos-Wüste in Richtung Südwesten. Immer weiter entfernten sich die beiden Lazaristen von ihrem eigentlichen Missionsziel, der nördlichen Mongolei, immer klarer wies ihre Spur in eine ganz andere Richtung – nach Tibet. Das mag ihrer natürlichen Neugier entsprungen sein, aber auch dem Wunsch, den Lamaismus an seiner Quelle zu studieren, denn »wir durften wohl erwarten, unter den Lamas in Tibet einen Symbolismus zu finden, der geläuterter war als der gemeine Volksglaube.«

Nach der Durchquerung des Ordos-Gebietes gelangten sie in die chinesische Provinz Gansu, und nachdem sie »viele abfallende Hügel und die Große Mauer zweimal passiert« hatten, erreichten sie im Frühjahr 1845 ihr vorläufiges Ziel: das Kloster Kumbum Chamba Ling. »Wir waren im Lande Amdo, das in Europa völlig unbekannt ist, in der großen, weltberühmten Klosterstadt Kumbum, in einer Lamazelle. Es war wie ein Traum!« Mit diesen Worten fasste Huc seine ersten Eindrücke zusammen. Kumbum war in dieser Zeit in der Tat ein religiöses Zentrum ersten Ranges und Angelpunkt alter Karawanenwege. Kein Geringerer als Tsongkhapa, der große tibetische Reformator und Begründer der Gelugpa, des Gelbmützen-Ordens, hat im 14. Jahrhundert genau an der Stelle das Licht der Welt erblickt, wo heute das Kloster steht. Die Medizinschule des Klosters war weithin berühmt. Vielfältige Wege verbanden Kumbum mit Zentraltibet und der Mongolei. Huc und Gabet fühlten sich im Kreise ihrer »Lama-Kollegen« von Anfang an wohl. Hier wollten sie den Lamaismus gründlich studieren, nebenher Tibetisch lernen und dabei das eine oder andere Geheimnis lüften. Davon hatte Kumbum einiges zu bieten.

An oberster Stelle stand natürlich der Wunderbaum, der die Gläubigen von nah und fern in Scharen anlockte. Der Überlieferung zufolge soll Tsongkhapa bereits mit langem Haupthaar und weißem Bart auf die Welt gekommen sein. Nach einiger Zeit schnitt ihm die Mutter das Haar ab. Dort wo es niederfiel aber, so wird erzählt, wuchs ein Sandelholzbaum aus der Erde, dessen Blätter tausendfach die Bildnisse des Buddha zeigten. Später wurde über dem Wunderbaum ein Reliquienschrein (Chörten) errichtet. Einen Ableger des Baumes aber pflanzte man in einen Nachbartempel, und auch dessen Blätter zeigten tibetische Schriftzeichen und Bilder des Buddha. Huc, der diesen »Baum der Zehntausend Bilder« zunächst für einen frommen Betrug hielt, musste nach eigenem Augenschein zugeben, dass es kein Schwindel war.

So verging die Zeit in beschaulicher Ruhe klösterlichen Lebens, geprägt vom Rhythmus der Zeremonien und Feste. Eines Tages kam den beiden Lazaristen die Kunde vom Herannahen einer großen Karawane zu Ohren, die angeblich von Peking nach Lhasa zog. Das war die Chance, auf die sie schon lange warteten. Die Zeit bis zum Eintreffen der Karawane verbrachten sie im kleinen Felsenkloster Choportan am Rande der Amdo-Berge. Dorthin kamen auch regelmäßig die Lamas der Medizinschule von Kumbum, um Kräuter zu sammeln, die in der Umgebung wild wuchsen.

Als die tibetische Karawane schließlich in Tankar, einem Knotenpunkt uralter Handelsrouten, eintraf, reisten Huc und Gabet an die Ufer des Kuku Nor. Dort musste die Karawane auf ihrem Weg nach Tibet vorbeikommen, und dort wollten sie sich ihr anschließen. Es dauerte noch einen Monat, bis der riesige Tross den Kuku Nor erreichte. In dieser Zeit mussten Huc und Gabet wegen der Räubergefahr mehrmals ihr Lager verlegen. Alle Gesandtschaften, die der Dalai Lama in den letzten Jahren zum Kaiser nach Peking geschickt hatte, waren von den gefürchteten Golok überfallen und ausgeplündert worden. Die jetzige war die erste seit dem Jahre 1841, die ungeschoren den Hof des Kaisers erreichte und sich nun auf dem Rückweg nach Lhasa befand. Die beiden Lazaristen nutzten die wohl einmalige Gunst der Stunde; kaum beachtet, als Europäer unerkannt, verschwanden sie in diesem gewaltigen Heerzug von Menschen und Tieren. »Nach unserer Schätzung bestand die Karawane aus ungefähr 15000 Yaks, 1200 Pferden, 1200 Kamelen und 2000 Menschen, teils Tibeter, teils Mongolen.«

Von den Ufern des Kuku Nor bewegte sich der »Reisezoo« nach Südwesten, zum Erstaunen von Huc noch mit »großer Ordnung und Genauigkeit«. »In der ersten Zeit war alles Poesie«, schwärmte der Padre, »wir hatten gute Wege, vortreffliches Wetter, klares Wasser und üppige Weidefluren. An die Räuber dachte niemand.« Mit der ungetrübten Freude aber war es bald zu Ende – spätestens als sie sich dem Quellgebiet des Gelben Flusses näherten. Die sumpfigen Hochebenen waren bereits zugefroren, die Flüsse ebenfalls. Aber die Eisschicht war noch nicht dick genug, dass sie die schwer beladenen Lasttiere trug. Die »Heilige Gesandtschaft« drohte im Wasser, Eis und Schlamm zu versinken. Als sie endlich die heiklen Passagen hinter sich gebracht hatten, bot die Karawane »einen ziemlich lächerlichen Anblick: Menschen und Tiere waren mit Eiskrusten überzogen. Die Pferde ließen den Kopf hängen und wussten nicht, was sie mit ihren steifen Schweifen anfangen sollten, die in lange Eiszapfen verwandelt waren. Die Yaks sahen am merkwürdigsten aus. Sie gingen mit gespreizten Beinen und schleppten unter dem Bauch ein bis auf die Erde herabhängendes System von Stalaktiten. Jeder Grunzochse war mit Eis förmlich kandiert.«

Das war nur der Auftakt dessen, was sie in den nächsten Wochen erwarten sollte. Gebirge um Gebirge galt es zu überwinden; die Hochebenen, die dazwischen eingebettet waren, wurden immer karger. Unvermittelt brach der Winter über das Land herein. Mensch und Tier litt entsetzlich unter der Kälte. Huc und Gabet erfuhren nun die volle Härte des Reisens nach tibetischer Art. »Die Tiere versanken bis an den Bauch im Schnee. Manche stürzten in Abgründe. Dabei heulte ein eisiger Wind uns entgegen und trieb uns Schneewirbel ins Gesicht. Wir machten es wie andere Reisende, die sich verkehrt aufs Pferd setzten und das Tier gehen ließen, wie und wohin es wollte.« Die Auslese war erbarmungslos, und der Tod hielt reiche Ernte. Zuerst traf es die Tiere, später kamen die Menschen an die Reihe. »Damals«, berichtet Huc voll Schauder, »wurden mehr als vierzig Reiter noch lebendig, aber schon erfroren in der Wüste zurückgelassen. Man nahm sie mit, solange noch einige Hoffnung war. Sobald sie aber nicht mehr essen und sprechen und nicht mehr auf dem Pferd oder auf dem Kamel sitzen konnten, wurden sie am Wege ausgesetzt.« Den beiden Lazaristen drohte ein ähnliches Schicksal. Gabet erkrankte und wurde immer schwächer. »Er konnte nicht mehr gehen. Hände, Füße und Gesicht waren ihm erfroren. Wir hüllten ihn in Decken, banden ihn auf einem Kamel fest und überließen das Weitere der Vorsehung.«

Die Vorsehung aber meinte es mit den beiden gut. Trotz aller Schwierigkeiten, von den erduldeten Strapazen schwer gezeichnet, trafen Huc und Gabet am 29.1.1846 in Lhasa ein. Die Ankunft der Fremden in der »Verbotenen Stadt« war eine Sensation. Trotz ihrer sorgfältig gewählten Verkleidung waren sie bald Gegenstand unverhohlener Neugier. Jetzt, wo sie das Ziel ihrer Reise erreicht hatten, mochten sie auch nicht mehr mit ihren wahren Absichten hinterm Berg halten und begaben sich zum Polizeikommandanten, um sich offiziell zu melden. Ihm gegenüber gaben sie unumwunden zu, dass sie aus einem Land »unter dem westlichen Himmel« stammten und hierher gekommen seien, die christliche Religion zu verkünden, deren Priester sie wären.

Daraufhin nahm der behördliche Gang der Dinge seinen Lauf. Es dauerte nicht lange, bis sie in ihrem Quartier eine Reihe seltsamer Besuche von Chinesen und Tibetern erhielten, die sich als Händler ausgaben, aber offensichtlich nur ihr Gepäck untersuchen wollten. Kurze Zeit später wurden sie zum tibetischen Regenten zitiert. Der war ihnen durchaus wohlgesonnen und erklärte ihnen offen, dass der chinesische Amban sie als Spione verdächtigte, sie aber unter seinem Schutze stünden, wenn es sich herausstellte, dass sie – wie sie beteuerten – unschuldig wären und weder Landkarten noch Vermessungsinstrumente sich in ihrem Gepäck befänden.

Die folgende gerichtliche Untersuchung wurde zum öffentlichen Ereignis in Lhasa. Doch weder die Durchsuchung ihrer Habseligkeiten noch das scharfe Verhör durch den Amban konnte sie als Spione überführen. So blieb auch dem residierenden chinesischen Gesandten nichts anderes übrig, als ihre Anwesenheit in Lhasa widerwillig zu akzeptieren. Der tibetische Regent war »höchlich erfreut« darüber, wie sich Huc auszudrücken pflegte, und in der Folgezeit entwickelte sich eine freundschaftliche Beziehung zwischen den beiden. Der Regent war von der Gelehrsamkeit des Missionars tief beeindruckt, und das steigerte sich noch, als Huc ihm die Funktionsweise seines Mikroskops vorführte. »Wir baten die Begleitung, sie solle so gut sein und uns eine Laus besorgen. Ein Lama brauchte nur mit seiner Hand unter seine Seidenkleider in die Achselhöhle zu greifen, eine prächtige, kräftige Laus stand uns zur Verfügung. Wir baten den Herrscher, sein rechtes Auge auf die Glasspitze des Mikroskops zu halten und dabei sein linkes Auge zu schließen. ›Tsongkhapa!‹ rief er aus. ›Die Laus ist so groß wie eine Ratte!‹«

Natürlich hoffte Huc durch die Freundschaft zum Regenten, ihn zum Katholizismus bekehren zu können. Und wenn ihm das gelänge, so rechnete er sich aus, würden viele andere Tibeter seinem Beispiel folgen. Aber es kam nicht so. Drei Monate nach ihrer Ankunft ließ sie der chinesische Amban ausweisen. Sein Befehl lautete, dass sie Tibet auf dem kürzesten Weg nach China zu verlassen hätten. Diese zwar kurze, aber ungemein schwierige Route führte von Lhasa aus direkt nach Osten, wo das tibetische Hochland in gewaltigen, wild zerklüfteten Stromschluchten in die Tiefländer Sichuans abstürzte. Im Oktober 1846, längst tot geglaubt, trafen sie in Macao ein. Hier verfasste Huc auf der Grundlage seiner Erinnerungen und Tagebuchnotizen, unter Heranziehung auch fremder Quellenwerke, seinen Bericht über die »Reise durch die

Tartarei, nach Tibet und China (1844 bis 1846)«. Die über weite Strecken recht amüsant geschriebene Reiseerzählung, in der er sich kaum Zurückhaltung auferlegte, sein heldenhaftes Tun ins rechte Licht zu rücken, wurde außerordentlich populär, aber nicht unumstritten. Die Fachwelt wollte ihm kein Wort glauben. Vor allem einer hatte seinen Bericht bis zuletzt vehement angezweifelt: der bedeutende russische Zentralasienforscher Nikolai Michailowitsch Przewalski. Vielleicht spielte da auch Przewalskis persönliche Enttäuschung mit, dass Huc das gelang, was ihm Zeit seines Lebens verwehrt blieb: der Traum von Lhasa.

Als Kundschafter des Zaren ins Herz von Asien

Huc und Gabet gehörten für lange Zeit zu den letzten Europäern, die nach Zentralasien und Tibet vordrangen, in der Hoffnung, neue Seelen gewinnen zu können. Ab der Mitte des 19. Jahrhunderts erschien eine neue Spezies von Abendländern: geografische Eroberer als Speerspitzen europäischer Großmächte, die um die Vorherrschaft in Asien kämpften. Damit begann ein neues Stück auf der Bühne Innerasiens; es handelt von zügellosem Machtstreben, rücksichtsloser Ausbeutung und brutaler Gewalt gegen jene, die sich dem widersetzten. Die Regisseure hießen England und Russland. Nirgendwo spielten die Briten und Russen das »Große Spiel« skrupelloser als in Zentralasien und Tibet. Wissen verhieß Macht. Und da Wissen über diese Gebiete um diese Zeit noch recht spärlich war, lag es nahe, zunächst einmal Kundschafter auszuschicken. Die britischen Spione hießen Pundits. Das waren Inder, die nach einer groben Ausbildung in Sachen Vermessung und Kartografie, meist als Pilger getarnt, durch Tibet reisten. Der russische Zar hielt sich da weniger bedeckt und ließ seine Pfadfinder gleich von regulären Soldaten – Kosaken – begleiten. Russland machte von Anfang an kein Hehl daraus, dass es Zentralasien als seinen angestammten

Vorhof betrachtete. Der russische Vorstoß begann im Jahre 1851, als der Forscher Semenow das Tien-Shan-Gebirge überquerte und Turkestan erreichte. Seine Nachfolger drangen immer weiter in Richtung Tibet vor. Die Briten wussten nur zu gut, dass den Erkundungen häufig Eroberungen folgten, und setzten ihrerseits alles daran, die Russen von Tibet fern zu halten. Dem dünn besiedelten Mönchs-Staat – strategisch zwischen China und Indien gelegen – fiel ungewollt eine Schlüsselposition in der Konfrontation zwischen den beiden Mächten zu. In allen russischen Ambitionen sah England eine Bedrohung seines indischen Imperiums. Das »Große Spiel« hatte begonnen.

Vor diesem Hintergrund waren die Reisen jener russischen Forscher zu sehen, die uns im Hinblick auf die Wüsten Gobi und Takla Makan interessierten – auch wenn betont wurde, dass sie einen »rein wissenschaftlichen Charakter« hatten. Ob sie es wollten oder nicht, ob absichtlich oder naiv ahnungslos, waren sie Werkzeug politischer Interessen. Das gilt auch für den bekanntesten aller russischen Zentralasienforscher – für Nikolai Przewalski.

Erst 31 Jahre alt, konnte Przewalski, von der Russischen Geografischen Gesellschaft und dem Kriegsministerium großzügig unterstützt, zu seiner ersten großen Zentralasienreise aufbrechen. Von Urga aus, wie die Hauptstadt der Mongolei damals hieß, zog Przewalski südwärts. Die Expedition, der auch ein Trupp schwer bewaffneter Kosaken angehörte, folgte im Wesentlichen jenen ausgetretenen Karawanenpfaden, die von alters her Tibet und China mit der Mongolei verbanden. Zunächst durchquerten sie den steppenartigen Nordwestteil der Gobi. Er stellte fest, dass man die Gobi am ehesten mit einer gewaltigen, von Gebirgen eingefassten Schüssel vergleichen könne, deren Boden weniger von Sand als vielmehr von Kies bedeckt sei. Von den gewaltigen Sandbergen, die sich im Inneren der Alashan-Wüste auftürmten, ahnte er nichts. Auf seinem

Weg in die chinesische Provinz Gansu berührte er nur den Rand dieser Wüste. Aber auch schon das fand er abscheulich genug: »Flugsandfelder, die hin und wieder mit Saxaul bestanden waren, wechselten mit Flächen von salzhaltigem Lößlehm. Die Wasserarmut erreichte hier ihren Höhepunkt.«

Angenehmere Reisebedingungen fanden sich erst wieder, als sie Gansu erreichten. Der Gansu-Korridor, durch den die Hauptroute der Seidenstraßen verlief, wird im Süden, gegen Tibet hin, vom Nanshan-Gebirge begrenzt. Dieses Gebirge, viel größer als die Alpen, war damals aus europäischer Sicht noch weitgehend eine »Terra incognita«. Das sollte sich nun ändern. Die Höhenzüge und Täler des Nanshan zu erkunden war Przewalskis erstes Ziel. Obwohl es im Inneren des Gebirges saftige Weiden und herrliche Wälder gab, war das Land seltsam menschenleer. Wie ein Sturm hatte der Dunganenaufstand alles menschliche Leben hinweggefegt und die Dörfer in Schutt und Asche gelegt. »Nur zerstörte Wohnstätten«, erinnerte sich Przewalski später, »und die an manchen Stellen umherliegenden Skelette und Schädel zeugten damals von dem schrecklichen Gemetzel, das unlängst hier stattgefunden hatte.« Für die zahlreichen Wildtiere dagegen waren die abgeschiedenen Täler mit ihren Almen und Wäldern ein Paradies, insbesondere im Winter, weil durch die günstigen klimatischen Bedingungen die Südhänge schneefrei blieben. Nachdem Przewalski erkannt hatte, dass der Nanshan nicht – wie bisher angenommen – ein einfacher Gebirgszug, sondern ein ganzes System von Ketten darstellte, wandte er sich nach Tibet.

Auf ähnlicher Route wie die beiden Lazaristen Huc und Gabet vor ihm durchstreifte er die Hochflächen um den Kuku Nor und des Tsaidam-Beckens. Die Bewohner der schwarzen Zelte, an denen sie von Zeit zu Zeit vorbeiritten, nannte er Tanguten. Seine Nachfolger haben diesen Begriff unbesehen übernommen, und er wurde zur gebräuchlichen Bezeichnung für die Amdo-Tibeter dieser Region. Neben den Tanguten kannte Przewalski nur noch die Golok. Ihr Name wurde mit »Räuber« gleichgesetzt, und sie mussten für alle Schandtaten herhalten. Man hatte Przewalski zu Recht später vorgeworfen, sich um die Menschen – um die »Ethnografie«, wie es damals hieß – zu wenig gekümmert zu haben. Während er ganze Kapitel seinen Beobachtungen über das Verhalten von Wildtieren widmete, blieb den Menschen eine derartige Aufmerksamkeit versagt. In der Tat mangelte es an Kontakten mit der lokalen Bevölkerung, was zu Misstrauen und Irritation führte. Und das mag wohl auch eine der Ursachen für die bewaffneten Auseinandersetzungen gewesen sein, die Przewalskis Expeditionen begleiteten und die ihm letztlich den Weg nach Lhasa versperrten. Doch diese erste Zentralasienexpedition scheiterte nicht am Widerstand der Tibeter, sondern am hereinbrechenden Winter. Der raffte die Kamele dahin, und da es an den nötigen Geldmitteln fehlte, war Przewalski gezwungen, am Oberlauf des Jangtsekiang umzukehren.

Kaum war das gesammelte Material aufgearbeitet und veröffentlicht, brach Przewalski im Jahre 1876 zu einer neuen Expedition auf. Diesmal wollte er etwas weiter westlich, über Turkestan und das Kunlun-Gebirge, nach Tibet vordringen. Doch auch dieser zweite Versuch fand ein frühes Ende. Noch weit von seinem Traumziel Lhasa entfernt, erreichte ihn eine Nachricht des russischen Generalstabs. Der russisch-türkische Krieg war wieder aufgeflammt, und es wurde ihm befohlen, die Expedition abzubrechen und unverzüglich nach St. Petersburg zurückzukehren. Obwohl Przewalski selbst mit diesem Unternehmen alles andere als zufrieden war, gelang ihm doch eine aufsehenerregende »Entdeckung«. Durch den Venezianer Marco Polo hatte das Abendland die vage Kunde vom Lop Nor erhalten, doch seitdem hatte kein Europäer den mysteriösen See im Inneren der Takla Makan mit eigenen

Augen gesehen. Przewalskis »Entdeckung« – den alten Chinesen war der See wohlbekannt – wurde in Europa zunächst viel bejubelt. August Petermann schwärmte in seinen »Geographischen Mitteilungen« von einer »hochinteressanten und bedeutenden geographischen Leistung« und verglich sie gar mit der »Lösung solcher berühmter Probleme wie die Durchschneidung Australiens, die Erreichung des Nordpols oder Timbuktus, die Entdeckung der Nilquellen.« Voll des Lobes war auch der Geograf Ernst Behm, als er im selben Blatt verkündete: »So ist denn endlich auch der Lop Nor aus seinem mystischen Dunkel hervorgezogen, bald werden wir ihn in seiner wahren Gestalt und Lage auf den Karten sehen.« Darauf brauchte die Fachwelt nicht lange zu warten. Przewalskis Bericht unter dem Titel »Von Kuldscha über den Tian-shan zum Lobnor.« Aber die Lage, an der Przewalski den See auf seiner Karte einzeichnete, ließ bald ernste Zweifel aufkommen, dann allzu weit wich der Lop Nor des Russen von der Position ab, wo er auf alten chinesischen Karten aufscheint. Große Skepsis seitens der Geografen rief darüber hinaus Przewalskis Behauptung hervor, der Lop Nor enthalte Süßwasser. Ferdinand von Richthofen, die graue Eminenz der Fachgelehrten, bestritt dies glattweg als »eine absolute Unmöglichkeit« und äußerte die Vermutung, dass der Russe wohl einen See, aber eben nicht den Lop Nor gefunden habe. Przewalski, derweil mit der Alexander-von-Humboldt-Medaille dekoriert, der höchsten Auszeichnung, welche die Geografenzunft zu vergeben hatte, konnte nicht so ohne weiteres auf sich sitzen lassen, dass man seinen Erfolg derart madig machte. In einem Vortrag vor der Russischen Geografischen Gesellschaft ging er auf Richthofens Kritik, der sich die führenden Fachleute angeschlossen hatten, ein und begründete, warum der Lop Nor Süßwasser enthalte, und er schloss aus, dass, gäbe es einen anderen, nördlicher gelegenen See, den angeblich echten Lop Nor, dieser ihm entgangen wäre.

Indessen rüstete Przewalski bereits zu einer neuen, seiner dritten großen Expedition. Das Ziel hatte sich nicht verändert; es hieß nach wie vor Lhasa. Ausgangspunkt war die kleine, nahe der mongolischen Grenze gelegene Stadt Saissan. Diesmal versuchte er es wieder weiter östlich, dort, wo er bereits einmal, nämlich bei seiner ersten Expedition, gescheitert war. Über das Nanshan-Gebirge, das Kuku-Nor-Gebiet und die Tsaidam-Sümpfe arbeiteten sie sich in Richtung Südwesten vor. In den ausgedehnten Hochsteppen und Gebirgssystemen Nordosttibets fanden sie eine märchenhaft reiche, vom Menschen noch fast ungestörte Tierwelt vor. Riesige Herden von Antilopen und Gazellen, wilde Yaks und Bären bevölkerten die Hochflächen. Wildesel zeigten so wenig Scheu, dass sie sich neugierig dem Lager näherten oder neben der Karawane einher liefen. Przewalski fand viel Gelegenheit, seiner Jagdleidenschaft zu frönen.

Während in Europa das Gerücht kursierte, die Expedition sei verschollen, Przewalski gar ermordet worden, kamen sie bis auf 250 Kilometer an Lhasa heran. Dann traten ihm die Tibeter entschlossen entgegen. Aus Lhasa war eigens eine Abordnung angereist, deren Führer dem Russen die Weiterreise verbot. Der Abgesandte der Lhasa-Behörden bat Przewalski beinahe flehentlich, er möge umkehren, und bot ihm sogar an, die Reisekosten zu erstatten. Erfüllte er seine Bitte jedoch nicht, würde es ihn unweigerlich den Kopf kosten. Nur mit Mühe konnte Przewalski seinen Ärger unterdrücken, und aus seinen Worten war deutlich die bittere Enttäuschung herauszuhören, als auch er, das große Ziel bereits vor Augen, abermals abgewiesen wurde. »Obwohl wir uns schon hinlänglich mit dem Gedanken vertraut gemacht hatten, möglicherweise umkehren zu müssen, ohne bis Lhasa gekommen zu sein, fiel es mir im entscheidenden Augenblick doch ungemein schwer, das letzte Wort zu sprechen, das das ersehnte Ziel abermals für lange Zeit, vielleicht für immer in die Ferne rückte und alle Erfolge unserer Reise mit einem Misserfolg abschloss. Aber dem Fanatismus eines ganzen Volkes zu trotzen war für uns sinnlos und unmöglich – ich musste mich dieser Notwendigkeit fügen.«

So fand auch der dritte Versuch, Lhasa zu erreichen, ein vorzeitiges Ende. Da war es auch kein Trost, dass es ihm auf dem Rückweg noch gelang, den Oberlauf des Gelben Flusses zu erkunden und die Steppen der Gobi zu durchqueren. Mit großen Ehren wurde der inzwischen weltberühmte Forscher in St. Petersburg empfangen. Przewalski gönnte sich auch jetzt nicht viel Zeit, sich auf den gesammelten Lorbeeren auszuruhen. Es schien, als ahnte er, dass ihm kein langes Leben beschieden sein sollte. Ein kurzes, aber ereignisreiches Leben, das wusste auch Przewalski, war allemal besser als ein langes, aber langweiliges Dasein. »Das freie Wanderleben ist mir lieb und teuer geworden«, schrieb er im Vorwort zu seinem Reisebericht.

Noch war die Druckerschwärze nicht trocken, als er 1883 schon wieder nach Sibirien aufbrach, um seine vierte Zentralasienreise zu beginnen. Von Urga aus, dem heutigen Ulan Bator, zog die Expedition auf bereits vertrauten Pfaden durch die endlosen Wüstensteppen der Gobi, überquerte das Nanshan-Gebirge und wandte sich wieder nach Tsaidam. Nahe einem mongolischen Jurtenlager wurde eine Basis eingerichtet. »In wenigen Fällen wird ein Reisender, vor allem in unserer Zeit, an der Schwelle eines derartig weiten, unerforschten Gebietes stehen, wie es sich von Tsaidam aus vor uns erstreckte«, notierte Przewalski in seinem Tagebuch. Damit meinte er insbesondere das Quellgebiet des Gelben Flusses und die Regionen südlich davon. Um dorthin zu gelangen, musste er zunächst das Burhan-Buda-Gebirge überqueren, das dem großen »Rückgrat Asiens«, dem Kunlun-Gebirge, zuzuordnen ist. Über denselben Gebirgszug, aber ein gutes Stück weiter im Westen, waren bereits Huc und Gabet gezogen und durch die dort aus dem Boden tretenden »Pestilenzdämpfe« fast umgekommen. Przewalski und seine Begleiter hatten weniger mit giftigen Gasen zu kämpfen als mit den unzähligen Löchern und Höhlen, die die Pfeifhasen im Boden gegraben hatten und in die Karawanentiere ständig einbrachen. Nachdem sie eine weitere Kette »regellos aufgetürmter Berge« überschritten hatten, standen sie am Rande einer unermesslichen Hochebene mit unzähligen kleinen Tümpeln und Seen, die silbern wie Sterne aufblinkten, wenn sie von oben auf sie herabblickten. Vor ihren staunenden Augen breitete sich Odontala aus, das Sternenmeer, in dem die Quellen des Gelben Flusses lagen. »Dies war der erste große Erfolg unserer jetzigen Reise«, triumphierte Przewalski, und »außerdem hatten wir damit noch eine wichtige geographische Aufgabe gelöst.«

Die weitere Erkundung vom Oberlauf des Machu, wie die Tibeter den Gelben Fluss nennen, verlief weniger erfolgreich. Beim Versuch, den großen See Tsaring Nor zu umrunden, trieb sie Schneefall und Kälte zurück. Danach überquerten sie das Bayan-Kara-Gebirge, die große Wasserscheide zwischen Gelbem Fluss und Jangtse. Auch der berühmte Jangtse, der Goldsandfluss, hat seinen Ursprung in Tibet. Przewalski stieg mit seiner Karawane von den Höhen des Bayan Kara hinab in die tief eingekerbten Schluchten des Jangtse und seiner Zuflüsse. Das Gelände wurde immer schwieriger und unübersichtlicher. Um überhaupt weiter voranzukommen, nötigten sie einen lokalen tibetischen Häuptling, sie zu führen. Aber der Drichu, wie der Jangtse hier an seinem Oberlauf heißt, erwies sich als unüberwindliches Hindernis. Alle Versuche, über seine reißenden Fluten zu setzen, scheiterten. Bald darauf kündigten sich neue Schwierigkeiten an. Beim Rückzug kam es zu einem Schusswechsel zwischen Przewalskis Kosaken und Tibetern. Die Russen waren heilfroh, als sie wieder das Quellgebiet des

Gelben Flusses erreicht hatten, und da es die Wetterverhältnisse nun zuließen, setzte Przewalski die Erkundung der beiden großen Zwillingsseen Tsaring Nor und Oring Nor fort. Dort wurden sie von einem tibetischen Reitertrupp attackiert, und nachdem sie einen Tibeter getötet und mehrere verwundet hatten, griffen sie ihrerseits das Zeltlager der Tibeter an. »Wir mussten dies unbedingt tun«, rechtfertigt Przewalski sein Vorgehen, »um die Schufte aus unserer nächsten Nachbarschaft zu vertreiben und ihnen die Lust zu weiteren Überfällen auf uns zu nehmen.« In Anbetracht der überlegenen Feuerkraft der Fremden flüchteten die Tibeter Hals über Kopf. »Insgesamt hatten wir jetzt am Morgen etwa fünfhundert Patronen verschossen. Die Zahl der getöteten und verwundeten Räuber schätzten wir auf etwa zehn«, resümiert Przewalski. Wen wundert's, dass nach solchen Erfahrungen die Tibeter erst recht den Fremden argwöhnisch und feindselig entgegentraten?

Beinahe erwartungsgemäß kam es im Zuge des Vormarsches zu weiteren Gefechten mit den Tibetern. Das lief nach Przewalskis Darstellung folgendermaßen ab: »Gleich einer Wolke stürmte diese wilde, blutdürstige Horde auf uns zu. Auf der anderen Seite aber stand unser kleines Häufchen vor seinem Lager, schweigend, mit angelegten Gewehren – vierzehn Mann, für die es jetzt keine andere Wahl gab als Sieg oder Tod.« Zweifel über ihr Tun oder gar moralische Bedenken kamen nicht auf. Dabei braucht man sich nur vorzustellen, wie wohl die Russen reagiert hätten, wenn ein bewaffneter Trupp Tibeter in ihre Heimat einmarschiert wäre, ausgedehnte Jagdzüge unternommen, Führer zwangsrekrutiert und bei Gegenwehr sich den Weg freigeschossen hätte – und das alles zu »rein wissenschaftlichem« Zwecke! Die ursprüngliche Absicht Przewalskis, die beiden Seen zu umrunden, gelang auch diesmal nicht. Ähnlich wie im Tal des Jangtse setzte auch hier die Natur den Menschen eine Grenze. Der Ausfluss des Machu aus dem Oring

Nor erwies sich um diese Jahreszeit als unüberwindbar. Die Expedition kehrte zu ihrem Basislager ins Tsaidam-Becken zurück. Von Tibet hatte Przewalski nun genug, und er beschloss, sich einem anderen noch schwelenden Problem zuzuwenden: dem Rätsel des Lop Nor. Die Zweifel an seiner Lop-Nor-Entdeckung nagten schwer. Diese Zweifel wollte er nun ein für allemal ausräumen. Im Herbst 1884 löste die Expedition ihr Basislager auf und zog am Südrand des Tsaidam-Beckens westwärts. Danach drangen sie in das Kunlun-Gebirge vor, einen »der unerforschtesten Teile Zentralasiens«, wie es Przewalski nannte. Es war eine Gratwanderung zwischen zwei landschaftlichen und klimatischen Extremen. Zu ihrer Linken, nach Norden hin, lag die Changtang, die die berüchtigten Kältesteppen Tibets umfasst, zur Rechten aber dehnte sich menschenleere Wüste aus, das endlose Dünenmeer der Takla Makan. Nach mehreren Exkursionen in einzelne Talsysteme des Kunlun wandten sie sich dem Altyn-tag zu – ein Randgebirge der Takla Makan, das Przewalski bereits von seiner zweiten Zentralasienreise her kannte. Das »Goldgebirge« mit seiner Ausdehnung von 750 Kilometern charakterisierte der russische Forscher als außerordentlich trocken und vegetationsarm – es fällt ungemein steil nach Süden, in die Takla Makan ab. Über diesen Steilabbruch stiegen sie hinunter ins Lop-Nor-Becken. Beim Anrücken der Karawane hatten sich die Bewohner aus Angst in den Schilfdickichten des Seeufers verkrochen und kamen erst wieder zum Vorschein, nachdem sie sich überzeugt hatten, dass ihnen keine Gefahr drohte.

Die folgenden Wochen waren ausgefüllt mit Recherchen, Messungen und Erkundungen. Aber er konnte keinerlei Indizien finden, die darauf hindeuteten, dass es noch einen zweiten Lop Nor gebe. Die Lop-Leute beteuerten einhellig, dass sie noch nie von einem anderen großen See als diesem gehört hätten. Zweimal bestimmte er astronomisch die geografische Länge und Breite seines

Standortes. Auch fand er heraus, dass der Lop-Nor-See nur an seiner Westseite, dort, wo der Tarim-Fluss einströmte, Süßwasser enthielt, während das seichte Wasser in der östlichen Hälfte dagegen sehr salzig war. Schon bei seiner Ankunft war ihm aufgefallen, dass sich der See seit seinem letzten Besuch verkleinert hatte. Der Tarim führte jetzt weniger Wasser, erklärten ihm die Einheimischen. Sie begründeten dies damit, dass an seinem Unterlauf ein neuer Kanal gegraben wurde, der dem Fluss viel Wasser entziehe und in einen neu entstandenen See – inmitten der Wüste – ableitete. Als der schwedische Forscher Sven Hedin zehn Jahre später an diese Stelle kam, war Przewalskis Lop Nor bereits ausgetrocknet. Nur noch Schilf und Schlamm waren übrig, und auch die Menschen hatten die Gegend längst verlassen. Dafür waren weiter nördlich eine Reihe kleinerer Seen entstanden.

Endgültig gelöst wurde das »Lop-Nor-Problem« erst 25 Jahre später – von der Natur selbst. Im Jahre 1923 kehrte nämlich der Tarim in sein altes, jahrhundertelang trocken liegendes Bett zurück, und der alte Lop Nor der chinesischen Karten entstand von neuem, während Przewalskis See sich wieder in Wüste verwandelte. Somit wurde klar: Der Lop Nor ist ein periodisch wandernder See. Genauer gesagt war er es, denn indessen hat er seine Wanderungen beschlossen. Durch chinesische Zusiedlung, Vergrößerung der Oasen und riesige Staatsfarmen wurde dem Tarim-Fluss in jüngster Zeit so viel Wasser entzogen, dass er keine Kraft mehr hat, einen See zu speisen. Es gibt keinen Lop Nor mehr, weder einen »alten« noch einen »neuen« – nur noch Wüste.

Auch Przewalskis Tage waren gezählt. Von dunkler Vorahnung erfüllt, fand sich in seinem Reisetagebuch unter dem 10. November 1885 folgende Eintragung: »Der Gedanke daran wirkt niederdrückend, doch ein Jahr jagt das andere, und einmal wird natürlich der Zeitpunkt kommen, an dem man alle die Schwierigkeiten und Entbehrungen solcher Reisen nicht mehr ertragen kann. Wenn es mir aber schon nicht mehr beschieden sein sollte, noch einmal ins Innere Asien zu ziehen, sollen mich wenigstens die Erinnerungen an das, was wir dort gesehen und im Verlaufe vieljähriger Reisen vollbracht haben, bis an das Ende meines Lebens trösten.«

Trotzdem ging Przewalski bald nach seiner Rückkehr mit gewohntem Elan daran, seine nächste, die fünfte, Zentralasienreise zu planen. Der Traum von Lhasa ließ ihn bereits im Herbst 1888 wieder aufbrechen – zur letzten Reise seines Lebens. Der Expedition – personell und finanziell reicher ausgestattet als alle vorherigen – sollte nun endlich gelingen, was bisher versagt blieb: die Residenz des Dalai Lama zu erreichen. In der Stadt Karakol, am Ufer des Issykkul, wurde die Karawane zusammengestellt. In den nächsten Tagen sollten sie losziehen. Da erkrankte Przewalski plötzlich. Es war Typhus! Das Ende kam schnell. In wenigen Tagen raffte die Krankheit den erst fünfzigjährigen, bärenstarken Mann dahin. Seinem letzten Wunsch entsprechend wurde er auf einer Terrasse über dem Ufer des blauen Issyk-kul-Sees bestattet. Später errichtete man darauf ein Denkmal: ein Felsblock auf steinernem Sockel, gekrönt von einem bronzenen Adler, die Schwingen zum Fluge ausgebreitet, der in seinen Klauen die Karte von Zentralasien hält.

In der ersten Reihe unter den Trauernden, die sich zum Begräbnis Przewalskis versammelt hatten, stand ein fünfundzwanzigjähriger Mann, der weinte wie ein Kind. Er sollte das Werk Przewalskis in Zentralasien und Tibet fortführen. Sein Name: Pjotr Kusmitsch Koslow.

Zur toten Stadt in der Wüste

Koslow begleitete Przewalski bereits auf seiner vierten Zentralasienreise. Als glühender Bewunderer Przewalskis war er dessen Schüler im klassischen Sinne. Zu Przewalski blickte er auf – dieser war ihm Mentor, väterlicher Freund und Lehrer in einer Person. Kein Wunder, dass Koslow den Schmerz seines frühen Todes nie überwand. Noch nach 25 Jahren schrieb er über diesen Schicksalsschlag: »Mir war, als könnte ich diesen Kummer nicht überleben – und er ist auch jetzt noch nicht überlebt.«

Przewalski war für ihn der Schlüssel zur Welt, er konnte ihm jene Tore öffnen, die er mit eigener Kraft nicht aufzustoßen vermochte. Schon früh führte ihn Przewalski in seine Welt ein, in die des Forschungsreisenden. Er lehrte ihn persönlich all die Fertigkeiten, die notwendig waren, um gute Ergebnisse mitzubringen, er organisierte seine schulische Ausbildung und schickte ihn zuletzt in die Militärakademie von St. Petersburg, deren erfolgreicher Abschluss unabdingbare Voraussetzung für eine Karriere im zaristischen Russland war. Koslow dankte es ihm mit Lerneifer und eiserner Disziplin. Wie eine Wolke hing der Schatten Przewalskis über ihm, aus dem er selbst nach dem Tod des Übervaters nicht herauszutreten vermochte.

Koslow besaß weder die genialen Fähigkeiten eines Sven Hedin, noch verfügte er über das intellektuelle Potenzial eines Aurel Stein; dass er trotzdem in eine Reihe zu diesen aufstieg, lag vor allem an seinem Fleiß und der Kunst, zweimal zur rechten Zeit am richtigen Ort zu sein. Das erste Mal geschah dies in der russischen Kleinstadt Sloboda, wo Koslow aufwuchs und wo er eines Tages Przewalski gegenüberstand, der sich dort einen Landsitz gekauft hatte. Der erst 19-jährige Koslow ließ diese einmalige Gelegenheit nicht ungenutzt verstreichen. Ohne Umschweife gestand er ihm, dass es sein sehnlichster Wunsch wäre, so wie er ein Forschungsreisender zu werden. »Besuchen Sie mich mal, junger Mann, ich möchte mit Ihnen sprechen«, hatte Przewalski darauf geantwortet. Dem ersten Besuch folgten weitere, später zog er in sein Haus, und an einem Frühlingsabend des Jahres 1882 sprach Przewalski jenen Satz, der

Koslows weiteres Leben entschied: »Auf meiner nächsten Reise sollen Sie mich begleiten.«

Ein ähnliches Gespür für die Gunst der Stunde hatte Koslow nur noch einmal; das war 25 Jahre später und inmitten der Gobi. Koslows Weg bis zur Sternstunde seines Lebens war gekennzeichnet von vergeblichen Versuchen, nach Lhasa vorzudringen. Ähnlich wie Przewalski zuvor, scheiterten auch seine Ambitionen an der abweisenden Landesnatur und am Widerstand der Tibeter. Einmal gelang es ihm, über den Oberlauf des Yangtse und den Oberlauf des Mekong bis zur Stadt Chamdo zu marschieren. Hier verlief damals die Grenze zwischen dem von China kontrollierten Gebiet und dem Herrschaftsbereich der Lhasa-Regierung. Und hier hieß es endgültig: »Halt! Keinen Schritt weiter!« Mit äußerster Entschlossenheit traten die Tibeter der Expedition in den Weg und verwehrten Koslows Karawane den Weitermarsch nach Lhasa. Eine eigens von der tibetischen Hauptstadt entsandte Delegation überbrachte Koslow den Befehl der Regierung des Dalai Lama, in dem es hieß, keinen Europäer durchzulassen, wer es auch sei. »Das Schreiben machte auf uns einen tiefen Eindruck. Wir alle wollten, wenn nicht nach Lhasa, so doch wenigstens bis zum Brahmaputra. Die Enttäuschung war umso schwerer, als wir diesen Gedanken während der ganzen Reise gehegt und darum alle Mühseligkeiten und Entbehrungen leicht ertragen hatten.« So blieb ihnen keine andere Wahl, als auf demselben beschwerlichen Weg wieder zurückzukehren, auf dem sie gekommen waren.

Ein Teilerfolg war ihm vergönnt. Wenn er schon nicht die Residenz des Dalai Lama besuchen konnte, den Gottkönig selbst sollte er sehen. Die politische Entwicklung in Tibet machte dies möglich. Im Jahre 1904 war eine britische Armee unter Oberst Younghusband in Tibet einmarschiert. Die dürftig bewaffneten tibetischen Truppen konnten keinen nennenswerten Widerstand leisten, und der Dalai Lama zog es vor, lieber zu fliehen, als in die Hände der Briten zu fallen. Unter dem Einfluss seines engsten Beraters, des Burjaten Dorjiew, begab er sich in die Mongolei. In Urga, dem lamaistischen Zentrum mit seinen großen Klöstern, Tempeln und tausenden Mönchen, wurde er mit stürmischer Begeisterung aufgenommen. Die russische Regierung sah eine willkommene Gelegenheit, mit dem Herrscher Tibets Kontakt aufzunehmen, und schickte zu diesem Zweck einen offiziellen Gesandten. Er hieß Pjotr Koslow. Der Dalai Lama machte einen tiefen Eindruck auf Koslow. »Dieser Tag war für mich der glücklichste von allen, die ich je in Asien zugebracht hatte«, schwärmte er später. Und er fühlte sich seinem Lebensziel näher denn je, als der Dalai Lama zum Abschied zu ihm sagte: »Ihnen steht Lhasa offen.«

Aber die Wege, die zum Ziel führen, sind oft verschlungen, manchmal ist auch das Ziel nur eine Etappe, hinter dem etwas anderes, ganz Unvermutetes sichtbar wird; häufig sind es – rückblickend betrachtet – scheinbar kleine Zufälligkeiten, die dem Weg die Richtung geben. Im Falle von Koslow war es die Begegnung mit einem Mongolenfürsten namens Baldynsassak.

Selbstverständlich hatte Koslow nach dem Besuch beim Dalai Lama eine neue Expedition geplant, und selbstverständlich hieß das Ziel Tibet. Diesmal wollte er von Urga aus auf einer neuen Route die Gobi durchqueren und dann über das Nanshan-Gebirge nach Tibet eindringen. Nachdem sie ein dem mongolischen Altai zugehörendes Bergmassiv überquert hatten, schlugen sie ihr Lager bei den Jurten des Steppenfürsten Baldynsassak auf. Von ihm erfuhr Koslow, dass weiter südlich, unweit des Edsin Gol, eine alte, völlig vom Sand eingeschlossene Ruinenstadt liege. Khara Khoto, wie die Stadt hieß, wurde bereits von Marco Polo erwähnt, und vor Koslow hatten schon andere russische Forscher nach ihr gesucht, aber die am Edsin Gol lebenden Hirten bestritten die Existenz der Ruinen.

Baldynsassak berichtete ihm, dass mehrere seiner Männer die alte Stadt selbst besucht hätten, aber er wüsste, dass die in der Nähe lebenden »Torguten« das Geheimnis darüber streng hüteten. Er empfahl Koslow, sich mit dem dortigen »Beile«, dem Führer der lokalen »Torguten«, in gutes Einvernehmen zu setzen.

Der Mongolenfürst gab Koslows Karawane bis zum nächsten Brunnen das Geleit. Beim Abschied flüsterte er ihm noch zu: »Ich bin überzeugt, dass du nach Khara Khoto kommen und dort viel Interessantes sehen wirst.« Danach überquerten sie eine gebirgige Steppe, später öde Kies- und Schotterflächen, schließlich tauchten am Horizont mächtige Sandberge auf, die den Rand der Alashan ankündigten. Davor aber blinkte ein schmaler Silberstreifen in der Abendsonne. Es war der Wasserspiegel des Sogo Nor, eines der beiden abflusslosen Seen, die der Edsin Gol speist. Die vielen ausgetrockneten Flussarme, das Schilf, die salzverkrusteten Seen, das alles erinnerte ihn an den Lop Nor. Kaum hatten sie den See hinter sich, brach ein Inferno los: »Über die Ebene zogen sich lange Sandbänder hin, die an die russischen Schneestürme erinnerten. Nicht nur feiner Staub, sondern sogar große Sandkörner flogen durch die Luft und peitschten den Kamelreitern schmerzhaft ins Gesicht. Von den Kämmen der am Wege liegenden Barchane wurden Massen von Sand herabgeweht und veränderten dadurch deren Profile.« Nur mit Mühe konnten sie das Lager des »Torgut-Beile« finden.

Dieser zeigte sich am Anfang sehr abweisend, aber nach einiger Zeit änderte er sein Verhalten und versprach Koslow, kundige Führer zu den Ruinen von Khara Khoto und für den Marsch entlang der Alashan-Wüste zu stellen.

Koslow konnte den Aufbruch kaum erwarten. »Wie oft hatten wir von Khara Khoto und seinen geheimnisvollen Schätzen geträumt! Jetzt endlich waren wir unserem Ziel ganz nahe.« Nachdem sie die letzten Galeriewälder des Edsin Gol hinter sich gelassen hattcn, breitete sich vor ihnen die Wüste aus. Sie bewegten sich durch weite, kahle Ebenen, aus denen einzelne Hügel ragten, die mit Tamarisken bewachsen waren. Aus dem Dunst tauchten seltsame schlanke Türme auf und nahmen schnell Gestalt an. Suburgane, buddhistische Reliquienschreine, standen als stumme Zeugen einer längst vergangenen Kultur in der flimmernden Hitze. Sie säumten einst den Weg nach Khara Khoto. Auch für Koslow und seine Gruppe waren sie willkommene Wegweiser. Endlich sahen sie auch Khara Khoto selbst: spitze Türme und Zacken, die sich über einer mächtigen Mauer erhoben. »Sie liegt auf einer niedrigen Terrasse ..., nachdem wir aber zur Terrasse emporgestiegen waren, bot sich uns Khara Khoto in seiner ganzen äußeren Herrlichkeit dar.« Von allen Seiten wurden die Mauern der Stadt hart von der Wüste bedrängt, und auch im Inneren war die Versandung weit fortgeschritten. Koslow und seine Männer betraten die tote Stadt durch ihr Westtor. Hier stießen sie auf einen quadratischen Platz, der von Gebäuderuinen – in verschiedenen Stadien ihres Verfalls – umschlossen war. Nachdem sie inmitten der Ruinenstadt ihr Lager aufgeschlagen hatten, »überkam uns ein Gefühl gespannter Erwartung, womit wir wohl belohnt würden, wenn wir in dieser Umgebung unsere Beobachtungen und Ausgrabungen durchführten«, wie sich Koslow ausdrückte. Ihre Erwartungen wurden nicht enttäuscht. Schon nach wenigen Tagen türmte sich im Lager ein Haufen von verschiedenen Fundgegenständen. Die Bücher, Handschriften, Münzen, Bildwerke und Schmuck, die sie aus den Ruinen geborgen hatten, füllten zehn Kisten. Länger zu bleiben, um weitere Grabungen durchzuführen, ließ die absolute Wasserlosigkeit nicht zu. Ihre vom Edsin Gol mitgebrachten Wasserreserven hatten sich, trotz strenger Rationierung, erschöpft. »Nur ungern trennten wir uns von ›unserem‹ Khara Khoto, wie wir es nannten. Wir hatten es kennen gelernt, hatten uns eingelebt und an seine verborgenen Geheimnisse gewöhnt, die sich für uns ein wenig gelüftet hatten.«

Koslow konnte mit seinem ersten Besuch in der »Schwarzen Stadt« durchaus zufrieden sein. Beim Lager des Torgut-Beile wurden die Schätze sortiert und gut verpackt. Einige Proben schickte Koslow mit einem ersten Bericht sofort nach St. Petersburg. Der Beile versprach auch weiterhin zu helfen, und als ein Lama noch aus dem verkohlten Schulterblatt eines Hammels las, dass ihnen weitere reiche Funde in Khara Khoto bevorstünden, zogen sie bald wieder hoffnungsvoll der Stadt in der Wüste entgegen. Der Lama hatte sich nicht getäuscht; weitere Grabungen brachten auch weitere Funde. Jeder Erfolg beflügelte, »jeder wollte irgendetwas Besonderes, noch nie Dagewesenes finden«. Nach einigen Tagen hatten sie eine ganze Kollektion weiterer Funde ihrer Sammlung einverleibt. Damit war ihr Aufenthalt in Khara Khoto, der »schöne Traum«, wie ihn Koslow nannte, zu Ende gegangen. Vor ihnen lag die »wenig verlockende« Alashan-Wüste, die sich rund 600 Kilometer nach Südosten hin erstreckte. Koslow verglich sie mit einer Art trockenem Ozean aus Sand und Stein, durchfurcht von Bergketten und Hügeln, die ihn an Meereswogen erinnerten. Das trifft wohl auf den Randbereich zu, aber nicht auf das Innere der Wüste, das Koslow nie sah. Seine Karawane folgte einer historischen Route, die einst Khara Khoto mit dem Zentrum des Königreiches Xixia, dem heutigen Ningxia, verband. Aber schon bald verloren sich die Spuren des alten Karawanenweges völlig im Treibsand der Alashan. »Unsere Karawane geriet manchmal in ein langes, enges Labyrinth von Barchanen, irrte eine Weile darin umher und suchte den kaum sichtbaren, vom Winde verwehten Pfad zu finden. Inmitten des Sandes sah man auf den herausragenden Stellen hier und da Obos, die von den Mongolen aus Saxaulästen errichtet waren. Zwischen den Barchanen lagen stellenweise kahle, glänzende Flächcn mit einem Anflug von Salz oder mit grobkörnigeren Sandriffeln, bisweilen auch halbmondförmige, mit Wasser angefüllte Vertiefungen.«

Tag für Tag zog die Karawane in gleichförmigem Trott unter der Gluthitze dahin. Obwohl erst Mitte April, heizte sich die Sandoberfläche tagsüber bereits auf 45 Grad auf. Die Dünen erreichten höchstens eine Höhe von 70 bis 100 Metern und blieben damit weit unterhalb der gigantischen Dimension, der ich später im Inneren der Alashan gegenüberstehen sollte. Koslows Karawane folgte im Wesentlichen jenem Weg durch den nordöstlichen Randbereich der Alashan, der heute durch eine Militärstraße erschlossen ist. Bisweilen wichen die Sandberge ganz zurück und gaben einen Blick frei auf die unendliche Weite der Gobi, dann wieder traten sie beängstigend dicht zusammen. Für Koslow wirkte die Wüste äußerst niederdrückend, ihre Eintönigkeit und Leblosigkeit führe selbst bei der stärksten Natur auf die Dauer zu Schwermut, Apathie und Nachlassen der Willenskräfte. Nach 25 Marschtagen hatten sie das alte »Hanhai« durchquert und waren in Tingjuanjing eingetroffen, dem mongolischen Bayan Hot. Jetzt bewegte er sich wieder auf bekannten, das heißt bereits von Przewalski begangenen Wegen. Mit dreißig frischen, aufgefütterten Kamelen verließ Koslow mit seiner Karawane die Stadt, überquerte den Gansu-Korridor und das Nanshan-Gebirge und erreichte Mitte August die große Gelbmützen-Lamaserei Kumbum. Hier erfuhr er, dass sich der Dalai Lama gerade in Peking aufhielt und in absehbarer Zeit auf seinem Rückweg nach Tibet an diesem Kloster vorbeikommen würde. Die Hoffnung auf ein Wiedersehen mit dem Dalai Lama bewog ihn, seinen Vorstoß in Richtung Kham (Osttibet) zu verschieben und stattdessen in der Nähe von Kumbum auf seine Ankunft zu warten. Eine Entscheidung, die sich als Glücksfall erwies. Denn am 19. Dezember trafen ganz unerwartet russische Gesandte ein. Sie überbrachten Koslow einen Brief der Geografischen Gesellschaft, in dem es hieß, dass die in Khara Khoto gemachten Funde so interessant seien, dass er ehestmöglich nach Khara Khoto zurückkehren und für weitere Grabungen keine Ausgaben scheuen solle. »Ehestmöglich« bedeutete: im Frühjahr des nächsten Jahres.

Die verbleibende Zeit nutzte Koslow für einen Trip durch das Amdo-Land. Dabei besuchte er die Klöster Labrang und Ragya Gompa am Ufer des Gelben Flusses.

Wie ein Lauffeuer verbreitete sich die Kunde vom Heranrücken der Karawane des Dalai Lama, und als diese Anfang März in Kumbum eintraf, pilgerte auch Koslow zum altehrwürdigen Kloster. Wie bereits in Urga, verlief auch diesmal die Audienz beim Dalai Lama für Koslow sehr erfreulich, und zum Abschied erneuerte das Oberhaupt Tibets seine Einladung nach Lhasa, die er schon beim ersten Treffen in der mongolischen Hauptstadt ausgesprochen hatte.

Danach brach Koslow unverzüglich nach Khara Khoto auf. Unterwegs erfuhr er, dass zehn Kilometer östlich der versunkenen Stadt ein guter Brunnen lag. Dort, so wurde ihm berichtet, hätten Mongolen wiederholt vergoldete Figuren und andere wertvolle Dinge ausgegraben. Es wurde ihm geraten, seine Aufmerksamkeit besonders der östlichen Umgebung der »Schwarzen Stadt« zuzuwenden.

Wiederum durchzog die Expedition das östliche, bereits bekannte Randgebiet der Alashan-Wüste, wiederum fand Koslow diesen südlichen Teil der Gobi so niederdrückend, dass man leicht verrückt werden könnte. Nach 21 Tagen Wüstenmarsch ohne Unterbrechung tauchten aus dem Staubdunst die sandumfluteten Mauern von Khara Khoto auf. »Während unserer Abwesenheit hatte niemand mein geliebtes Khara Khoto besucht«, stellte Koslow befriedigt fest, »die Ruinen waren noch in demselben Zustand, wie wir sie verlassen hatten.« Das sollte sich bald ändern.

Die tote Stadt wurde lebendig: Menschen bewegten sich zwischen den Ruinen, Staubfahnen hingen wie Rauchsäulen über den Stellen, an denen gegraben wurde, täglich wurde auf Eselsrücken Trinkwasser vom Edsin Gol herangeschafft. Trotz der Anstrengungen war die Bilanz nach einer Woche eher enttäuschend. Die erhofften Schätze hatte der Sand nicht preisgegeben.

Schließlich wandte sich Koslow einem Suburgan zu, der außerhalb der Stadtmauern, am Ufer des ausgetrockneten Flussbettes, stand. Der ungefähr zehn Meter hohe Reliquienschrein ruhte auf einem quadratischen Unterbau, dem ein etwas kleinerer Mittelteil aufgesetzt war, gekrönt von einer kegelförmigen, halbverfallenen Spitze. Daraus ragte ein abgebrochener hölzerner Mast. Schon die erste Grabung war ein Volltreffer. Sie stießen auf ungeahnte Schätze. Koslows Männer, alles andere als professionelle Archäologen, trugen nun Schicht für Schicht ab, ohne darüber genaue Aufzeichnungen zu machen, und »warfen« die Funde auf einen Haufen. Der Schrein enthielt eine Grabkammer mit den sterblichen Überresten einer etwa 50-jährigen Frau. In dieser Kammer fanden sich auch die kostbarsten Zeugnisse vom Glanz des alten Khara Khoto – eine Reihe sitzender Figuren, durch das trockene Wüstenklima hervorragend konserviert. »Sie waren mit dem Gesicht nach innen gekehrt und ähnelten Lamas, die vor den großen handgeschriebenen Blättern in der Xixia-Schrift ihren Gottesdienst abhielten. Diese Handschriften lagen zu Hunderten übereinander.«

Von den Torguten, die Koslow fortwährend befragte, ob es nicht irgendwo weitere alte Ruinen gäbe, erfuhr er von der Existenz der »Grünen Stadt« – von Boro Khoto. Ihre Überreste sollten angeblich etwa 20 Kilometer nordöstlich von Khara Khoto im Sand ruhen. Aber Koslow blieb keine Zeit mehr für neue Grabungen. Es war höchste Eile geboten, den Rückweg anzutreten. Auch musste er beim Bepacken der Tragtiere feststellen, dass der Umfang der Funde die Kapazität seiner Karawane weit überstieg. So beschloss er, die größten der Tonstatuen in einem Versteck in Khara Khoto zurückzulassen, um sie bei der nächsten Expedition mitzunehmen. Eine trügerische Hoffnung, denn sie verschwanden spurlos. Weder im Zuge der Expedition von 1923 noch bei seinem letzten Besuch im Jahre 1926 gelang es, sie wieder aufzufinden. Es scheint, als hätte Koslow diesen unersetzlichen Verlust vorausgeahnt, als er zum Abschied die prophetischen Worte formulierte: »Je weiter wir uns von der toten Stadt entfernten, umso mehr überkam mich eine unbewusste Traurigkeit. Mir war, als ob in diesen toten Ruinen etwas zurückgeblieben wäre, das mir lieb und teuer war und mit dem mein Name künftig unauflöslich verknüpft sein wird, irgendetwas, von dem man sich nur schweren Herzens trennt.«

Durch Asiens Wüsten

Im Jahre 1914, also zwischen den Expeditionen von Koslow, besuchte Sir Aurel Stein die »Schwarze Stadt«. Für den erfolgsgewohnten Schatzsucher im Dienste Englands gab es hier nicht mehr viel zu holen. So war Steins Khara-Khoto-Exkursion nur eine unbedeutende Episode in seinem Forscherleben. Seine Domäne blieben die Takla Makan und ihre Randgebiete – dort hatte er viel früher schon reiche Funde gemacht.

Noch einer aus der Gilde europäischer Zentralasienforscher mochte Khara Khoto nicht auslassen, der bekannteste und erfolgreichste von allen. Die Rede ist von Sven Hedin. Mit seiner sinoschwedischen Expedition erreichte er im Jahre 1927, knapp nach Koslows letztem Besuch, die Ruinenstadt.

Es ist hier kein Platz, um auch nur annähernd Hedins Leben als Forscher zu umreißen. Allein der gedruckte Niederschlag seiner Aktivitäten in Zentralasien und Tibet ergibt eine kleine Bibliothek. Deshalb richtet sich das Augenmerk nur auf jene Unternehmungen

Hedins, die mit der Wüste Gobi und der Mongolei zu tun haben. Im Gegensatz zur Takla Makan, der Hedin seine ersten, recht fatalen Wüstenerfahrungen verdankte, stand die Gobi am Ende seiner Wege durch Asiens Wüsten. Spontan hatte er sich als Dreißigjähriger auf das Abenteuer der Takla Makan eingelassen, und nur mit Mühe ist er lebend wieder herausgekommen. Dreißig Jahre später gebot er wie ein Heerführer über eine Mammutexpedition, deren Ziel es war, die Gobi zu erobern. »Der geschlossenste, in einem Block zusammenhängende Teil der Erdoberfläche war unser Kriegsschauplatz«, mit diesen martialischen Worten führte Hedin die Leser in sein Buch »Rätsel der Gobi« ein. In diesem Stil ging es weiter. Da ist von schweren Kämpfen mit Mensch und Natur die Rede, von Unterwerfung ganzer Gebiete und umfassender Eroberung. Da kann es einem angst und bange werden, und man denkt unwillkürlich an Francis Younghusband, der sich den Weg nach Lhasa freigeschossen hat. Aber zum Glück gibt es bald Entwarnung, denn schon ein paar Seiten weiter erfährt man, dass Hedin keine Armee befehligte, sondern nur eine mit wissenschaftlichen Instrumenten ausgerüstete Truppe von Feldforschern. Die sinoschwedische Expedition 1927–1935, mit deutscher Beteiligung, war Hedins letztes großes Unternehmen in Asien. Alles war generalstabsmäßig wie ein Feldzug geplant. Demnach sollte die Expedition, in einzelne Gruppen aufgesplittert, diesen ungeheuren Raum durchstreifen und die Gobi in all ihren Facetten erforschen. Angelpunkt und zugleich Basis der Großexpedition war das »Hotel Larson«, wie es Hedin nannte, der fürstliche Sitz eines Schweden, der als »Herzog der Mongolei« weithin bekannt war.

Obgleich das aufwändige Unternehmen mit großen bürokratischen Hürden zu kämpfen hatte, gelangen einige spektakuläre Erfolge. Zu den Höhepunkten gehörte die Durchquerung der Inneren Mongolei von Baotou über den Gashun Nor nach Hami. Sie folgten damit einer alten Variante der Seidenstraßen, die längst in Vergessenheit geraten war. Diese Nordroute entstand im 6. Jahrhundert. Sie zweigte in Hami vom Hauptweg ab, führte quer durch die Wüste zum Unterlauf des Edsin Gol, vorbei an Khara Khoto, entlang dem nördlichen Rand der Alashan-Wüste nach Datong und weiter nach Osten bis Korea.

Hedins Gruppe, die den alten Karawanenweg in westlicher Richtung folgte, durchzog zunächst wasserreiche Steppe. Das sollte sich bald ändern. Nachdem sie den Edsin Gol überschritten hatten, gelangten sie immer tiefer hinein in eine Extremwüste, die jenseits ihrer Vorstellungswelt lag. Wochenlang irrten sie als Gefangene der Wüste und ihrer eigenen Ängste umher. Für die Welt draußen gab es keinen Zweifel, dass sie verloren waren, und als die Totgeglaubten in Hami eintrafen, war von der stattlichen Karawane nur noch ein armseliger Rest übrig. »Die Wüste war entsetzlich«, urteilte der Chinese Yuan, der die Expedition als Paläontologe begleitet hatte. Keine Menschenseele war ihnen begegnet, auch von Relikten der Seidenstraße, die sie zu finden hofften, fehlte jede Spur. Mit leeren Händen waren sie trotzdem nicht zurückgekommen. Die öde Wüste bewahrte einen ganz anderen, unerwarteten Schatz der Vergangenheit: fossile Überreste von Sauriern. Die Funde bedeuteten eine Sensation. Eine französische Zeitung meldete sogar: »Sven Hedin gibt bekannt, dass Professor Yuan, ein chinesischer Geologe und Teilnehmer der Expedition, dreißig lebende ausgewachsene Dinosaurier gefunden hat ... Es ist das erste Mal, dass man lebende Vertreter dieser Tiere entdeckt hat, die aus dem Jura stammen, das heißt einem Zeitalter vor mehreren Millionen Jahren.«

Während ein Teil der Expedition die eben geschilderte Wüstendurchquerung durchführte, blieben andere am Edsin Gol zurück. Ihre Aufgabe war es, dort dauerhaft eine Forschungsstation einzurichten. Zum ersten Mal sollten in der Gobi langfristige Beobachtungen und Messungen durchgeführt werden, von denen man sich vor allem Aufschlüsse über Klima und Geologie erwartete. Außerdem diente die Station als Basis für Exkursionen zum Gashun Nor oder nach Khara Khoto. Versorgt wurde das exponierte Camp von in der Umgebung lebenden Mongolen. Die seelsorgerische Betreuung übernahm der lokale Lama. Von den dramatischen Ereignissen, die ihnen bevorstanden, ahnte zu diesem Zeitpunkt noch niemand etwas. Zunächst verlief alles nach Plan. Die drei Männer – Söderbom, Zimmermann und der Chinese Ma – richteten sich, so gut es ging, ein. Den lokalen Gegebenheiten entsprechend wohnten sie in mongolischen Jurten und Zelten. Die ersten Tage und Wochen vergingen wie im Flug. Die Zeit war ausgefüllt mit wissenschaftlichen Studien und den täglich anfallenden Routinearbeiten. Dann brach der grimmige Winter über das Land herein. Die wenigen Besuche, die sie erhielten, blieben ganz aus, und sie hatten das Gefühl, völlig von der Außenwelt abgeschnitten zu sein.

Umso mehr traf es sie wie ein Blitz aus heiterem Himmel, als eines Tages ein Kurier ins Lager ritt. Er überbrachte einen Brief der chinesischen Behörden in Suchou, den Ma laut vorlesend übersetzte. Der Inhalt war mehr als beunruhigend. Ohne Nennung von Gründen wurde ihnen befohlen, die Provinz Gansu sofort zu verlassen. Jetzt war guter Rat teuer. Sollten sie den Spuren der anderen nach Hami folgen und die Station preisgeben? Das hätte womöglich den Untergang der Karawane bedeutet, denn die Tiere waren viel zu schwach, um einen derartigen Wüstenmarsch durchzustehen. Um frische Kamele zu kaufen, fehlte das Geld. Schließlich entschlossen sie sich, den Behörden in Suchou einen Brief zu schreiben, worin sie erklärten, die Station nicht verlassen zu können. Da sie vermuteten, dass man sie als Spione verdächtigte, fügten sie noch hinzu, dass die Behörde jemanden schicken möge, um sich zu überzeugen, dass sie nur wissenschaftliche Ziele verfolgten.

Schon wenige Wochen später erschien ein Beamter der Provinzregierung aus Suchou, der das Lager samt Gepäck und Instrumentarium einer eingehenden Prüfung unterzog. Als er aber die Wasserstoffgaszylinder erblickte, die er für Kanonen hielt, gab es für ihn keinen Zweifel mehr, dass es sich nur um die Vorhut einer Invasionsarmee handeln konnte. Nach einem kurzen Verhör erklärte der Beamte, er habe den Auftrag, die gesamte Besatzung der Station nach Suchou zu bringen. Sollten sie sich weigern, müssten alle mit Hab und Gut und den Kamelen westwärts nach Hami, in die Provinz Ostturkestan (Xinjiang), weiterziehen. Zimmermann ließ Ma übersetzen, dass sie keinesfalls die Station verlassen würden, aber erst nach zähen Verhandlungen gab sich der Beamte damit zufrieden, Ma als Geisel mitzunehmen. Monatelang hatten sie danach von dem jungen Chinesen nichts mehr gehört. Und als endlich eine Nachricht eintraf, kam wenig Freude auf. Aus ihr ging hervor, dass Ma in der Zwischenzeit als Gefangener nach Lanzhou, in die Provinzhauptstadt, gebracht worden war.

Eines Tages traf eine weitere chinesische Delegation ein, diesmal mit bewaffneter Eskorte. Sie hatten den Auftrag, die beiden Fremden zu verhaften und notfalls mit Gewalt nach Suchou zu bringen. Als sie aber sahen, dass Zimmermann entschlossen war, die Station mit Waffen zu verteidigen, gaben sie sich zufrieden, wenn Söderbom mitgehe. Für den Zurückgebliebenen wurde das Leben in der Station immer unerträglicher. Die Verdächtigungen und Gerüchte der Chinesen hatten zur Folge, dass nun auch die Torguten die Station mieden, als hätte er eine schlimme ansteckende Krankheit. Nur ein einziger Freund war ihm geblieben, ein Gegen, ein inkarnierter Lama, der ein paar Kilometer entfernt in seiner Tempeljurte unter den Torguten lebte. Als die Torguten sahen, dass der fromme Mann keine Vorbehalte zeigte, mit dem Europäer zu verkehren, änderten sie wieder ihre abweisende Haltung.

Allmählich wurde es für Zimmermann kritisch. Der harte Winter hatte die Kamele weiter dezimiert, und nun begannen auch die Lebensmittelreserven knapp zu werden. Die Geldmittel waren längst erschöpft. Da tauchten zwei Reiter zwischen den Pappeln auf. Es waren Ma und Söderbom. Nun war die Station gerettet, und Söderbom konnte endlich seine lange geplante Exkursion zum Gashun Nor unternehmen.

Nicht lange nachdem Söderbom abgereist war, fiel Zimmermann erstmals auf, dass mit Ma etwas nicht in Ordnung war. Von Tag zu Tag wurde sein Verhalten merkwürdiger. Immer öfter verfiel er in Grübeleien und Selbstmitleid. Er konnte nicht mehr schlafen, litt an Angstzuständen, und in seiner Verzweiflung pflegte er zu sagen: »Wenn ich in den Spiegel schaue, sehe ich den Teufel. Ich selbst bin der Teufel.«

»Wer sich zu lange in dieser Wüste aufhält, der wird verrückt«, hatte Koslow behauptet. Ma schien nun in dieses Stadium eingetreten zu sein. Zimmermann versuchte ihm zu helfen, übertrug ihm verschiedene Arbeitsaufgaben und hoffte damit, ihn von seinen selbstzerstörerischen Gedanken abzubringen. Vergeblich.

»Ich laufe in die Wüste hinaus – ich halte es nicht länger aus«, klagte er. Sein Zustand wurde immer schlimmer. Zimmermann schlug ihm nun vor, mit seinem Diener über Suchou und Ningxia nach Hause zu reisen. Dieser Plan schien ihm zu gefallen, und schon am folgenden Tag erklärte er: »Ich breche heute auf und lege nur zehn Kilometer zurück. Seien Sie so gut und senden Sie mir die Briefe, die Sie noch nicht geschrieben haben, durch einen Diener nach.«

Das Packen und Aufladen geschah mit großer Hast. Zuletzt verlangte er noch eine Axt. In Begleitung seines Gehilfen Dotscha und von sechs Kamelen, die das Gepäck trugen, brach er zu seiner schicksalhaften Reise auf.

Am nächsten Morgen sandte Zimmermann, wie versprochen, einen Diener mit Briefen nach. Als dieser im Lager ankam, stürzte Ma schäumend vor Wut und mit hoch erhobener Axt auf ihn los. Er begriff sofort, dass es um sein Leben ging, und rannte so schnell er konnte dem Wald zu. Die drohende Gefahr verdoppelte seine Kräfte, und erst als er merkte, dass Ma zurückgeblieben war, wagte er sich umzublicken. Da sah er, wie der Wahnsinnige stehen blieb und sich in entsetzlicher Weise mit der Axt selbst zerfleischte. In seinem Schock lief der Diener barfuß die 20 Kilometer zurück zur Station. Es begann bereits zu dämmern, als er mit blutigen Füßen und völlig außer Atem im Lager ankam. Am nächsten Morgen brachen sie dann, mit Verbandszeug und Arzneimitteln ausgerüstet, zum Unglücksort auf. Noch immer hegte Zimmermann die Hoffnung, dass auch Mas Gehilfe Dotscha dem Amokläufer entkommen sei. Als sie sich dem Lagerplatz näherten, sahen sie, dass das Zelt abgebrannt war. Zwischen den verkohlten Resten aber lag der versengte Körper des ermordeten Dotscha. Nicht weit davon entfernt lag die Leiche des Chinesen, von grauenvollen Wunden entstellt.

Das Drama am Edsin Gol bedeutete auch das Ende der Forschungsstation. Zwar wurde ein beträchtlicher Teil der wissenschaftlichen Instrumente dem lokalen Torgutführer zur Aufbewahrung treuhänderisch übergeben, für den Zeitpunkt, wie man hoffte, an dem die Station wieder besetzt würde, aber diese Hoffnung sollte sich nicht mehr erfüllen. Hedin war sich aber sicher, dass die Chinesen die Station übernehmen und die von seiner Expedition begonnenen Forschungen fortsetzen würden. Da sollte er sich nicht täuschen, denn die »Forschungen« am Edsin Gol wurden von den Chinesen tatsächlich fortgeführt, allerdings auf etwas anderem Gebiet, als Hedin glaubte. Heute verläuft ein Schienenstrang entlang des längst ausgetrockneten Edsin-Gol-Flusses. Er endet an einer der wichtigsten chinesischen Raketenbasen am nordwestlichen Rand der Alashan-Wüste. Auf dieser Bahnlinie, die ausschließlich vom Militär genutzt wird, werden Raketen zu Testzwecken und wohl auch zu ihren geheimen Stellungen transportiert.

Hedins Expedition fiel bereits in eine Zeit, in der auch in Zentralasien moderne Fortbewegungsmittel, wie die Eisenbahn und vor allem das Auto, das »Wüstenschiff« allmählich verdrängten. Von Peking führte bereits ein Schienenstrang über Datong und Hohhot bis Baotou. Die Russen waren dabei, die mongolische Hauptstadt Urga bzw. Ulan Bator, wie es nach der Machtübernahme durch die Kommunisten hieß, an das Eisenbahnnetz anzubinden. Jahrtausendealte Karawanenwege wurden nun zu Straßen, auf denen zuerst Droschken und später Autos rollten. In Paris bereitete sich eine Expedition vor, die den gesamten Weg nach Peking erstmals mit Fahrzeugen bewältigen wollte.

Auch Sven Hedin, der tausende Kilometer in Tibet und Zentralasien im beschaulichen Tempo zurückgelegt hatte, das Yaks oder Kamele vorgaben, stieg auf »Pferdestärken« um. Gemeinsam mit seinem Gefährten Hummel durchquerte er weite Teile der südöstlichen Mongolei in einem offenen Wagen. Sein Ziel war es, für einen reichen Gönner zwei komplette buddhistische Tempel und eine ganze Sammlung ethnografischer Gegenstände zu erwerben.

Die politische Entwicklung in diesem Teil der Mongolei (heute Innere Mongolei) begünstigte dieses Vorhaben. Immer mehr chinesische Siedler strömten in das angestammte Land der Mongolen, immer weiter rückten die Fronten vor. Einstmals war die Große Mauer die Grenze zwischen China und der Mongolei. Nun wurde der Raum für die Mongolen, die mit ihren beweglichen Behausungen – den Jurten – auf den Grassteppen umherzogen, immer kleiner. Die Mongolen mussten immer weiter nach Norden zurückweichen, um weiterhin ihr traditionelles Leben führen zu können. Die

Jurten mit dem zusammenklappbaren Holzgerüst konnte man einfach abbauen, zerlegen und auf Kamelrücken transportieren. Die Klöster und Heiligtümer dagegen mussten zurückgelassen werden. Nachdem die Mönche mit den Gläubigen fortgezogen waren, verwaisten und verfielen die Tempel. Was nicht mitgenommen werden konnte, wurde geplündert oder mutwillig zerstört. Immer wieder traf Hedin auf solche Relikte unaufhaltsamen Verschwindens. Manche der verfallenden Heiligtümer wurden von den chinesischen Siedlern als Ställe oder Lagerräume benutzt. Andere, erst kürzlich aufgelassene Tempel, befanden sich noch in gutem Erhaltungszustand. Solche waren es, nach denen er suchte.

Der Druck chinesischer Siedler auf das Land der Mongolen war nur der Vorbote viel bedrohlicherer Ereignisse, die den Erben Dschingis Khans bevorstanden. Dunkle Wolken hatten sich über dem Himmel zusammengebraut, und die Zeichen standen eindeutig auf Sturm. Die mongolischen Fürsten – untereinander zerstritten – waren zu schwach, um sich gegenüber China und Russland behaupten zu können. Die nördlichen Chalkha-Mongolen hatten zwar einen eigenen Staat ausgerufen, aber ihre Unabhängigkeit konnten sie nicht bewahren. Aus Urga wurde Ulan Bator, die Stadt der »Roten Helden«, und aus dem Traum vom neuen mongolischen Reich nur ein Satellitenstaat der Sowjetunion. Den mongolischen Brüdern im Süden ging es nicht besser. Unweigerlich gerieten sie in den Sog der dramatischen Ereignisse, die den Untergang der Mandschu-Dynastie begleiteten.

Die Schwäche Chinas ließ bei den mongolischen Steppenfürsten wieder die Erinnerung an ihre glanzvolle Vergangenheit aufleben, als ihre Vorväter auf dem Rücken ihrer Pferde die halbe Erde eroberten. Dschingis Khan war längst zu einer mythenumrankten Figur geworden und unter dem Einfluss des tibetischen Buddhismus in den Götterhimmel entrückt.

Auch andere buddhistische Überlieferungen beschäftigten in diesen Tagen die Mongolen. »Immer öfter hörte man die Leute von ›Sjambal‹ sprechen«, berichtet Leutnant Haslund, einer der Teilnehmer von Hedins Expedition. Der in Tibet weit verbreitete Shambhala-Mythos war auch in den Jurten der Mongolei zu Hause. Dieses Königreich, in dem die spirituellen Schätze der Menschheit behütet werden, wird in Quellen auch mit der zentralasiatischen Wüste Gobi in Verbindung gebracht. Wenn die Zeit von Shambhala angebrochen ist, so heißt es in der Prophezeiung, wird der letzte König von Shambhala zu einer Schlacht mit dem Bösen antreten. Seine göttlichen Kämpfer werden das Böse in dieser Welt endgültig ausrotten, und dann wird das »Goldene Zeitalter«, das Reich des Buddha Maitreya anbrechen.

Viele Mongolen sahen in den chaotischen Ereignissen, die wie ein Sturm über Asien hereinbrachen, nichts anderes als die Erfüllung dieser alten Weissagung. Der Untergang der alten Welt ist die Voraussetzung, damit eine neue und bessere Welt erstehen kann. Das Ende ist der Anfang von Shambhala. Wie die Lotosblüte aus dem Sumpf, werde das Lichtreich Shambhala aus den Trümmern der Erde wachsen, davon war man überzeugt.

KAPITEL 2

Durch die Innere Mongolei

»Der armselige Ausländer«, sagte er, »kennt das Grasland erst seit
vier Tagen.« »Ich bedaure ihn aufrichtig«, erwiderte der Alte. »Wie
traurig muss es sein«, sagte die Frau, »nicht als Mongole geboren
zu sein!« »Gewiss«, bestätigte der Alte, »es ist ein Unglück; aber
welch ein Glück für ihn, dass er den Weg zu uns gefunden hat!«
FRITZ MÜHLENWEG

»Die Mongolen werden euch erwarten«, hatten uns die Freunde am
Flughafen von Beijing noch zugerufen, ehe wir die Maschine nach
Hohhot bestiegen, die uns in die Innere Mongolei bringen sollte.
Gleich nach dem Start überflogen wir die Große Mauer. Auch aus
der Luft sah sie noch imposant aus, wie sie sich in vielen Verzweigungen und Verästelungen über grüne Bergketten zog. Wie groß
musste die Angst gewesen sein, um Menschen zu veranlassen, ein
derartiges Bauwerk zu ihrem Schutze zu errichten! Vordergründig
trennte sie zwei unterschiedliche Zivilisationsformen: die des Hirten vom Bauern. Auf der einen Seite die sesshaften, Ackerbau treibenden Chinesen, und auf der anderen die mit ihrer beweglichen
Habe umherziehenden Nomaden. Die Große Mauer war wohl das
deutlichste Beispiel einer Grenze zwischen diesen Lebensformen,
mehr noch: Sie war Ausdruck einer traumatischen Urangst der
Han-Chinesen – die sich als Träger der Kultur verstanden – gegenüber allem, was außerhalb ihrer Welt lag.

Vor allem in den Völkern im Norden und Westen sah man eine
ständige Bedrohung. Als »Barbaren bis in die Zehenspitzen« be

trachteten die Han-Chinesen von jeher die unberechenbaren Reiternomaden, die von Zeit zu Zeit – zumeist an ihrer Nordgrenze – auftauchten. Das Gefühl der Verwundbarkeit, ja des Ausgeliefertseins, das der Sesshafte erfuhr, der mit seiner Habe nicht ohne weiteres flüchten konnte, mochte jene stereotypen Begriffe hervorgebracht haben, mit denen der »kulturtragende« Chinese die Nomaden gemeinhin belegte. Die Spannweite reichte von tiefster Abscheu und Ekel – wobei Nicht-Chinese gleich Nicht-Mensch bedeutete – bis hin zu unverhohlener Bewunderung, wenn es sich um die Kriegskunst handelte, die man nachzuahmen versuchte. War die militärische Überlegenheit der Feinde zu groß, dann vermied man die direkte Konfrontation und suchte die »Barbaren zu garen«, das hieß, sie so zu assimilieren, dass sie in der chinesischen Lebensweise aufgingen. Dazu diente letztlich auch der Brauch, chinesische Prinzessinnen mit »Barbarenherrschern« zu verheiraten, die dann mit großem Gefolge und unter Wehklagen die Heimat verließen. Bis in die Gegenwart wurde beispielsweise die Heirat der kaiserlichen Prinzessin Wencheng mit dem tibetischen König Songtsen Gampo für den Machtanspruch Chinas über Tibet benutzt. Obwohl die historische Erfahrung zeigte, dass sich die Kultur des Sesshaften gegenüber dem Nomaden à la longue durchsetzte und alle fremden Eindringlinge – auch wenn sie zeitweise China beherrschten – früher oder später unterlagen, blieb die Angst weiterhin bestehen. Sie hat sich so tief in die chinesische Seele eingegraben, dass auch heute noch dieselben Vorurteile reproduziert werden, die der Schock gebar, den die Bedrohung durch die Xiongnu vor 2000 Jahren auslöste. Wie oft haben mir Chinesen, wenn ich für Mongolen oder Tibeter Partei ergriff, entgegengehalten, das wären doch Barbaren, die keine Kultur besäßen, rohes Fleisch äßen und zusammen mit Tieren schliefen. Noch immer – trotz einer zahlenmäßig millionenfachen Übermacht – spürt man das tiefe Unbehagen des Han-Chinesen gegenüber der Andersartigkeit verschiedener Völker innerhalb ihrer Grenzen.

Die Funktion der Großen Mauer hat sich völlig gewandelt. Einstmals gebaut, um die Fremden von China fern zu halten, wurde sie indessen zum Hauptanziehungspunkt ausländischer Devisenbringer. Fraglich bleibt, ob sie überhaupt jemals die Funktion erfüllte, die die Erbauer ihr zugedacht hatten. Sie bewahrte weder das chinesische Reich vor der Mongolenherrschaft noch die Mongolen später vor den Chinesen.

Was vor 100 Jahren noch eine abenteuerliche Reise in eine andere Welt bedeutete, war heute nur noch ein kurzer Inlandsflug. Schon nach einstündigem Flug setzte die Maschine auf der Landepiste von Hohhot – der Provinzhauptstadt der Inneren Mongolei – auf. In der Empfangshalle erwartete ein dichtes Spalier von Menschen die Ankommenden. Mit den Augen tastete ich die Menschenreihe ab, blickte fragend von Angesicht zu Angesicht, aber nach den Mongolen,, die uns erwarten sollten, suchte ich vergeblich. Entweder waren sie nicht da, oder ich erkannte sie nicht, weil sie wie Chinesen aussahen.

Wir hatten gerade unser umfangreiches Gepäck zu einem Haufen geschichtet, als sich ein drahtiger Mann aus der Menge löste und – ohne zu zögern – zielstrebig auf mich zukam. »Ich heiße Orla – sei willkommen in der Mongolei«, stellte er sich mir vor. »Meine Freunde werden sich um das Gepäck kümmern«, ließ uns Orla wissen, während er mit einer knappen Handbewegung in Richtung Ausgang deutete. Gleich darauf erschienen einige Männer, die auf Orlas Geheiß begannen, die sperrige Expeditionsausrüstung zum Ausgang zu befördern.

Dann wandte er sich wieder mir zu. »Deine Freunde in Beijing haben mich beauftragt, hier in der Mongolei alle notwendigen Vorbereitungen zu treffen.« Das also war der Mongole, von dem man mir erzählt hatte und von dessen organisatorischem Geschick viel abhing.

Das Gepäck luden die Helfer auf einen Lastwagen, für uns stand ein Kleinbus bereit, der uns vom Flughafen direkt zum Hotel brachte. Es war dasselbe chinesische Etablissement, in dem ich schon vor Jahren einmal abgestiegen war. In der Lobby, die den Charme einer Bahnhofshalle verströmte, standen noch dieselben Plüschsofas mit den weißen Spitzendeckchen wie damals. Neu hinzugekommen war nur die eindrucksvolle Kollektion von Weltzeituhren, die über der Rezeption hingen. Sie sollten wohl das internationale Flair erzeugen, das sich das Haus im Gleichschritt mit der verordneten Politik zu geben versuchte. An den Umstand, dass man sich in der Mongolei befand, erinnerte ein riesiges Wandgemälde in leuchtenden Farben. Dem Künstler war es gelungen, keines der gängigen Klischees auszulassen, wie sich die mongolische Kultur – nach chinesischer Sicht – heutzutage darstellte: Vor dem Hintergrund einer grün bewachsenen Hügellandschaft standen die weiße Filzzelte in streng symmetrischer Anordnung. Davor sah man Gruppen von bunt gekleideten Mongolen. Hier tanzten Frauen in langen Seidengewändern vor Musikanten mit pferdeköpfigen Geigen, dort begrüßten sich zwei Mongolen, indem sie weiße Seidenschärpen austauschten. Auf den Grasbergen ringsum weideten Schafe und Pferde, dazwischen bewegten sich Mongolen hoch zu Ross, die offenbar mit Lassos Ponys einfingen.

In diesem Ambiente traf ich mich mit Orla. Es gab viel zu besprechen. Neben all dem organisatorischen Kleinkram, der anstand, waren es zwei wesentliche Fragen, die mich seit der Ankunft in der Inneren Mongolei beschäftigten. Wie viel waren unsere mit Beijing ausgehandelten Vereinbarungen wirklich wert? Erfahrungen in der Vergangenheit hatten gezeigt, dass es selten Garantien waren, auf die man sich blind verlassen konnte, sondern erst an Ort und Stelle, das hieß bei den jeweiligen lokalen Behörden, durchgesetzt werden mussten. Und das war alles andere als einfach.

»Dürfen wir Khara Khoto besuchen?«, wollte ich wissen.

»Ja, wir haben alle erforderlichen Genehmigungen für Heichang« (chinesischer Name von Khara Khoto), antwortete der Mongole.

»Wie sieht es mit der Karawane aus?«, fragte ich weiter. »Stehen die Kamele bereit?«

»Wir hatten einen guten Sommer, das Gras war fett und die Kamele sind deshalb wohlgenährt«, erklärte mir Orla. »Ich habe sie selbst gesehen und ausgewählt. Nun sind sie auf dem Weg nach Monggon Bulag, und wenn wir dort eintreffen, werden sie zum Abmarsch bereit sein.«

»Welche Probleme gibt es dann?«, fragte ich fast ungläubig.

»Keine«, antwortete er lächelnd. »Ich weiß, dass du in der Takla Makan mit den lokalen Partnern Schwierigkeiten hattest, aber glaube mir, diesmal wird es anders sein.«

Ich war diesmal, was die Auswahl der lokalen Partner betraf, einen neuen Weg gegangen. Von den staatlichen Organisationen mit ihrem demotivierten Personal hatte ich genug. Die Überlegung, auf die Kooperation einer chinesischen Organisation und damit auf deren Begleiter ganz zu verzichten, wäre illegal gewesen und kam deshalb für mich nicht in Frage. Da kamen mir die jüngsten wirtschaftlichen Entwicklungen in China entgegen. Vorher besaßen die wenigen staatlichen Organisationen, die derartige Projekte betreuten, eine absolute Monopolstellung. Ihren Fängen war kaum zu entkommen. Nun aber war Kapitalismus angesagt, mit freiem Unternehmertum und damit entsprechendem Wettbewerb. Meine Partner kannte ich schon lange vorher, aber erst vor kurzer Zeit hatten sie ein Privatunternehmen gegründet. Sie verfügten über die immer noch notwendigen Beziehungen zu den Behörden, aber wirtschafteten auf Leistungsbasis. Das schien mir eine gute Voraussetzung für ein derartig sensibles Unternehmen.

Vor allem hoffte ich, durch diese Struktur eine der Hauptquellen vergangener Ärgernisse ausschalten zu können. Üblicherweise wurden die lokalen Begleiter von ihren Organisationen, ohne Rücksicht auf ihre Tauglichkeit und ob sie wollten oder nicht, einfach abkommandiert. Dass diese Praxis kaum eine gute Voraussetzung für ein harmonisches Miteinander darstellte, ist klar. Von vornherein frustriert, hatten sie wenig bis überhaupt kein Interesse am Gelingen des Unternehmens. Im Gegenteil: Oft trachteten sie sich der ungeliebten Aufgabe zu entledigen, indem sie die Durchführung hintertrieben.

Ich hatte mir deshalb ausbedungen, die Wahl der lokalen Begleiter selbst zu treffen. Sie sollten ein gewisses Maß an Begeisterung für die gemeinsame Sache mitbringen und besser bezahlt werden, als es in den staatlichen Organisationen der Fall war.

Die Wahl fiel auf Puwei und Peter.

Puwei, ein Halbuigure, war jung, physisch stark und sehr motiviert. Außerdem war er Maler und wollte seine Eindrücke von der Wüste zu Bildern verarbeiten. Peter – er hatte sich einen englischen Vornamen zugelegt – sollte »offiziell« als Übersetzer fungieren. Er, der gerade sein Studium beendet hatte, betrachtete die bevorstehende Wüstenwanderung als sportliche Herausforderung und – wie er immer wieder voll Stolz betonte – als Gelegenheit, an etwas Einmaligem teilzuhaben, eine Chance wahrzunehmen, wie sie sich im Leben wohl kaum mehr bot.

Die Blaue Stadt in der Steppe

Den Aufenthalt in Hohhot hatte ich auf das Minimum begrenzt. Keine Stunde wollte ich länger bleiben, als notwendig war, um die ergänzende Ausrüstung zu besorgen. Das waren vor allem 40 Plastikkanister, in denen das lebenswichtige Wasser durch die Wüste transportiert werden sollte, und praktisch die gesamte Verpflegung. Abgesehen davon kannte ich die Stadt bereits von einer Erkundungsreise, und ich hatte nicht den Eindruck, dass sie seither attraktiver geworden ist. Das wuchernde Konglomerat moderner Fast-food-Architektur hat sich nur noch weiter in die Grassteppe hineingefressen. Wenn ich mir die Geschichte dieser Stadt in Erinnerung rief und sie mit ihrer gegenwärtigen Erscheinung verglich, dem verschwindend kleinen Anteil mongolischer Bewohner, dann fiel es schwer zu glauben, dass es Mongolen waren, die Hohhot gründeten. Es erschien mir eher als der sinnlose Versuch, ein Leben zu führen, das offensichtlich wider ihre Natur war.

Die Grundsteinlegung von Köke Khoto, der »Blauen Stadt«, wie Hohhot ursprünglich hieß, steht in engem Zusammenhang zur zweiten Verbreitungswelle des Buddhismus in der Mongolei. Altan Khan (1507 bis 1582), der zum Buddhismus konvertierte Führer der Tümed-Mongolen, ließ die ersten festen Gebäude auf der weiten Grasfläche errichten. Gut möglich, dass ihn Angehörige der im China der Ming-Zeit verfolgten Buddhisten, die bei ihm Zuflucht gesucht hatten, erst auf die Idee brachten, sein Leben im Filzzelt aufzugeben und stattdessen – wie es einem echten Fürsten geziemt – sich einen Palast zu errichten.

Mit Hilfe chinesischer Handwerker wuchsen bald vor den staunenden Augen der Zeltbewohner gemauerte Gebäude aus der Steppe, denen geschwungene Dächer aufgesetzt waren. Um den Fürstensitz des Altan Khan entstanden nach und nach Klöster der lamaistischen Gelbmützen, umgeben von Suburganen und Obos. Das war der Anfang der heutigen Stadt.

Von dieser Grundsubstanz ist heute freilich nicht mehr viel übrig. Den fürstlichen Sitz hat die Geschichte ausradiert, und vom einstigen monastischen Zentrum blieb nur noch ein Tempel erhalten, dessen kostbarste Reliquie ein silberner Buddha war. Der Traum von Altan Khan, auf der Basis der gemeinsamen buddhistischen Religion die Mongolen wieder zu vereinen und die alte politische Kraft wiederzubeleben, erfüllte sich nicht. Wohl stellten seine Aktivitäten vorübergehend eine Bedrohung der Nordwestgrenze des Ming-Reiches dar, aber aus den Angeln zu heben vermochte er es nicht. Altan Khan besaß weder die charismatischen Eigenschaften eines Führers, dem sich die übrigen Mongolen widerspruchslos anschlossen, noch stand ihm der Titel des Großkhans zu.

Dieses Amt lag seit dem Zusammenbruch der mongolischen Herrschaft über China immer in den Händen der Tschahar-Mongolen und wurde unter ihrem Fürstengeschlecht weitervererbt. Mit dem Titel des Großkhans war längst keine politische Macht mehr verbunden, es sei denn, sein Träger war imstande, solche zu gewinnen. Grundsätzlich galt der Großkhan dieser Zeit als »Primus inter pares« unter den Fürsten der einzelnen Mongolenstämme. Der Titel lebte vor allem vom Mythos, der sich inzwischen um Dschingis Khan und Khubilai gebildet hatte. Dieser Mythos war unausrottbar, und vom Traum, ihn wiederzubeleben, träumten nahezu alle Mongolen – am stärksten jedoch Ligdan Khan.

Ligdan war siebzehn Jahre alt, als er 1604 Großkhan wurde. Der Buddhismus hatte den jungen Herrscher stark angezogen, und als seinen Lehrer holte er das Oberhaupt der einst in Tibet herrschenden Sakya-Schule an seinen Hof. Ob aufgrund eigener Vision oder unter dem Einfluss des Sakya-Geistlichen: Jedenfalls hielt er sich für die Wiedergeburt Khubilai Khans, des größten der Mongolenkaiser Chinas.

Ligdan Khan glaubte fester als seine Vorgänger an ein neues mongolisches Reich, deshalb irritierte ihn der Aufstieg der Mandschu, die sich anschickten, die über China herrschende Ming-Dynastie zu stürzen. Ligdan erkannte die Gefahr, die von den Mandschu ausging, und versuchte ihr zu begegnen, indem er die zentrale Gewalt des Großkhanats wiederbeleben wollte. Aber die rabiaten Methoden, mit denen er seinen Machtanspruch gegenüber den anderen Mongolenfürsten durchzusetzen versuchte, stieß auf wenig Gegenliebe. Als er die mit den Mandschu befreundeten, vielfach durch Heiratsbande verschwägerten Ostmongolen mit Gewalt daran erinnerte, dass sie Mongolen waren und deshalb ihm, dem Großkhan, zu gehorchen hätten, stellten sich diese offen gegen ihn. Daraufhin zog er mit seinem gesamten Tsachar-Stamm nach Westen und schlug sein Hauptquartier hier in Köke Khoto auf. Durch die Anwesenheit seiner großen Armee wurden die Lebensbedingungen in der Stadt so schlecht, dass die Mönche in den Klöstern ihre Stiefelschäfte kochten, um nicht zu verhungern. Viele Bewohner flohen deshalb nach Osten, dem nachrückenden Mandschu-Heer entgegen.

Ligdan Khan verstand es weiterhin, sich Feinde zu machen. Dem Fürsten der Ordos-Mongolen nahm er die Frau weg, weil sie ihm gefiel. Anschließend begab er sich zur Gedächtnisstätte der »Acht weißen Zelte«, wo nach mongolischer Überlieferung die sterblichen Überreste Dschingis Khans und seiner Gattin ruhen sollten. Es galt als heilige Pflicht jedes Großkhans, einmal dieser Ahnenreliquie zu huldigen. Das tat auch Ligdan, aber er nahm sie gleich mit.

Bedrängt von der nachrückenden mandschurischen Armee, wich Ligdan bis nach Nordosttibet, ins Gebiet des Kuku Nor, zurück. Als er auf dem Weg dorthin schwer erkrankte, überkam ihn wohl Reue ob des begangenen Frevels, und er schickte die Reliquie an die Ordos-Mongolen zurück. Das half ihm auch nicht mehr. Im Jahre 1643 starb der letzte Großkhan der Mongolen an den Ufern des Kuku Nor. Alles, was von seinem Stamm noch übrig war, fiel in die Hände der nachfolgenden Mandschu-Truppen.

Die Mongolen, die sich auf die Seite der Mandschu geschlagen hatten, kam die Liaison letztlich teuer zu stehen. Nachdem die Mandschu ihr Ziel erreichten, nämlich den chinesischen Kaiserthron zu erobern, erfüllte sich die von den Mongolen erhoffte Autonomie nicht. Ganz im Gegenteil: Jede diesbezügliche Regung der Mongolen wurde von den Mandschu gewaltsam unterdrückt. Die aufmüpfigen mongolischen Fürsten wurden entmachtet und durch Mandschu-freundliche Vasallen ersetzt. Damit war der Traum von einem unabhängigen mongolischen Reich – zumindest was die »Innere Mongolei« betraf – ausgeträumt.

Nach dem Verlust ihrer politischen Macht verloren die Fürsten der ost- und südmongolischen Stämme auch noch ihr Land. Die Mandschu, im Laufe ihrer Herrschaft völlig sinisiert, sanktionierten den chinesischen Landraub, indem sie im Jahre 1860 ihren Untertanen gestatteten, sich auf mongolischem Gebiet anzusiedeln. Gewiss, es lebten auch schon vorher Chinesen in der Mongolei, aber das waren Soldaten, Beamte, Händler und Handwerker. Nun kamen die Kolonisten, die mit ihren Pflügen die Erde aufwühlten und die Mongolen vom guten Weideland in die trockenen Steppen abdrängten. Die Mongolen wurden bald eine Minderheit in ihrem angestammten Land, und heute sind von den 20 Millionen Bewohnern der so genannten Autonomen Provinz Innere Mongolei nur noch knapp ein Sechstel Mongolen. In den Städten war das Verhältnis noch krasser. Von der 1,3 Millionen Einwohner zählenden Bevölkerung Hohhots erreichte der Anteil der Mongolen gerade noch 10 Prozent.

Der letzte Rest mongolischer Lebensart in Hohhot hatte sich auf eine Sportarena reduziert, wo alljährlich das folkloristische Spektakel des Nadam-Festes stattfand und in dessen Verlauf Wettkämpfe im Reiten, Ringen und Bogenschießen ausgetragen wurden. Dort gibt es auch eine Ansammlung von »Restaurant-Jurten«, in denen jedermann nach Voranmeldung »original« mongolisch speisen und sich hinterher besaufen kann.

Darauf verzichteten wir allerdings, und keinem fiel der Abschied schwer, als wir von Hohhot in Richtung Westen aufbrachen. Wir, das waren der Mongole Orla, Puwei und Peter, die seit Beijing dabei waren, und ein dreiköpfiges Kamerateam, das Helmut und ich engagiert hatten, um das Unternehmen filmisch zu dokumentieren. Unsere Expeditionsausrüstung und die gesamte Verpflegung für den Wüstenmarsch waren auf einen Lastwagen geladen, in dem zwei Mongolen saßen, die den Auftrag erhielten, direkt nach Monggon Bulag, dem Ausgangspunkt der Karawane, zu fahren. Während wir Khara Khoto und den Gashun Nor besuchten, sollten sie dort alle notwendigen Vorbereitungen für den Abmarsch treffen. In Monggon Bulag hatte ich mich mit Helmut und Jürgen verabredet, die aus Zeitmangel auf die Exkursion nach Khara Khoto verzichten mussten und erst unmittelbar vor dem Start der Karawane dazustoßen wollten.

Dschingis Khan darf nicht sterben

Unser Tagesziel war die 140 Kilometer westlich von Hohhot gelegene Stadt Baotou. Allerdings hatten wir uns entschlossen, einen Abstecher nach Norden, in das Yinshan-Gebirge, zu unternehmen. Bald verließen wir die viel befahrene Hauptroute nach Baotou und folgten einer schmalen Teerstraße, die sich in einem Gewirr von braunen Hügelketten verlor. Hinter den niederen Vorbergen, die wir schnell überwanden, erhoben sich höhere, stärker felsdurchsetzte Bergzüge, die uns in immer enger werdende Schluchten zwangen. Noch vor etwas mehr als einem Jahrhundert, als der Russe Przewalski hier durchzog, sah das Munni-ula-Gebirge, wie er es nannte, noch ganz anders aus. »Ich kann das Vergnügen kaum beschreiben, das wir empfanden, nachdem wir so lange über karge,

Im Abendlicht zieht unsere Karawane am Fuße einer Megadüne entlang.
Die Kameltreiber haben unterwegs Holz gesammelt, für ein Feuer am Abend.

Mongolin aus Erji Naqi in ihrer Festtracht.

Das farbenprächtige Innere der Jurte und die bunte Kleidung der Mongolen
wirken wie eine Kampferklärung an das uniforme Braun der Wüste draußen.

Plattenbetonbauten prägen das Antlitz von Hohhot. Nur ein kuppelförmiger Dachaufbau ist einer mongolischen Jurte nachempfunden.

In der Inneren Mongolei wurden die buddhistischen Klöster während der Kulturrevolution Chinas zerstört. Einige davon wurden nun wieder aufgebaut.

Den Stadtmauern von Khara Khoto sind weißgekalkte Tschorten aufgesetzt. In einem dieser Tschorten fand der Russe Koslov einen ungeheuren Schatz.

Im Inneren der toten Stadt Khara Khoto finden sich unzählige antike Tonfragmente – zuweilen auch Tsa Tsas, kleine Votivtschorten aus Lehm.

In den letzten Jahrzehnten kommt immer weniger Wasser in die Wüste.
Nur noch abgestorbene Pappelwälder säumen die Ufer des Edsin Gol.

Tschorten (Sanskrit: Stupa) aus Lehm ragen wie Leuchttürme des Glaubens
aus der Wüste und weisen uns den Weg nach Khara Khoto.

Das mit einem geschwungenen Walmdach gekrönte Alashan Kloster spiegelt sich in einem Salzsee.

In jüngster Zeit kommen Menschen in die Wüste nicht, um hier zu leben, sondern um ihre Ressourcen auszubeuten. Salzgewinnung an einem der Gobi-Seen.

Der Blick aus einer Jurte lässt wahrhaft in die Ferne sehen. Doch die Bewohner sehen lieber fern: bunte Bilder aus einer anderen Welt.

Eine Megadüne der Bardain Jaran Shamo spiegelt sich in einem Salzsee, dessen Ufer Schilfgras wie ein Gürtel aus grüner Seide säumt.

freudlose Ebenen marschiert waren, auf einmal bewaldete Berge zu sehen und im Schatten der Bäume zu rasten«, schwärmte er angesichts der grün bewachsenen Bergketten.

Die schattigen Rastplätze suchten wir vergeblich. Was es an Wald hier einstmals gab, wurde längst abgeholzt. Wohin man auch blickte, zeigten sich nur kahle, von ausgedörrten Gräsern bewachsene Berghänge, die die Erosion allmählich zerfraß. Die wenigen, vereinzelt dastehenden Bäume boten eher einen bedrückenden Anblick, als dass sie Freude auslösten. Lediglich die Bäche säumte ein grünes Band aus Bäumen und niedrigen Büschen. Mit dem Wald verschwanden auch die Wildtiere – Antilopen, Wölfe und Füchse –, denen Przewalski seitenlange Beschreibungen widmete. Im Schutz der Bäume lebte eine Vielzahl von Vögeln, und auf dem Boden, der damals noch viel feuchter war, wuchsen verschiedene Heilkräuter, von denen wiederum die traditionelle Medizin abhängig war.

Der Eindruck paradiesischer Idylle inmitten einer von Wüsten geprägten Welt, den das grün bewachsene Yinshan-Gebirge auf die Mongolen machen musste, umgab es mit dem Nimbus eines natürlichen Heiligtums. Seine sonderbaren Felsformationen und der Umstand, dass die Vegetation hier stärker auf der Südseite ausgeprägt war, während es anderswo umgekehrt ist, führten zu reicher Legendenbildung. Wer anders als Dschingis Khan, der unsterbliche Held der Mongolen, wurde mit diesem Gebirge in Verbindung gebracht? Er soll sich auf den Shara-oroi, den höchsten Berg der Gegend, zurückgezogen haben, bevor er seinen Feldzug gegen China unternahm. Später ließ er sich in der Umgebung der Priester nieder, die alljährlich im Sommer auf den Berg stiegen, um dort Kulthandlungen durchzuführen. Die Mongolen behaupteten fest, dass auf dem Shara-oroi ein fossiler Elefant läge und an einer anderen Stelle Silberbarren versteckt wären, deren man allerdings nicht habhaft werden könne, weil sie von Dämonen bewacht würden. Gut möglich, dass an der Erzählung vom »fossilen Elefanten« etwas dran war und es sich um ein Saurierskelett handelte, wie man sie in der Gobi häufig fand. Wie groß der Wahrheitskern solcher Legenden sein mochte – fest stand, dass die Yinshan-Berge ein besonderer Ort waren, der besondere Menschen anzog. Nicht zufällig entstand hier eine der bedeutendsten Klosteranlagen der Inneren Mongolei, deren bauliche Substanz, das wusste ich, noch erhalten war.

Orla hatte mir schon einiges während der Fahrt darüber erzählt – und er sparte mit Superlativen nicht. »Wudang Si« – er benutzte stets den chinesischen Namen – »ist das größte und besterhaltene Kloster der gesamten Inneren Mongolei«, schwärmte er mir vor. Meine Erwartungen waren entsprechend groß. Schließlich kannte ich die meisten Klöster Tibets. Mit welchem Heiligtum des Schnee-landes würde es vergleichbar sein, fragte ich mich. Wie viele Mön-che mochten wir dort antreffen? Bisher hatte ich bei den Mongolen, die wir trafen – einschließlich Orla –, nicht das geringste Anzei-chen buddhistischer Religiosität gesehen. Sollte es hier anders sein? Die Antworten ließen nicht lange auf sich warten.

Wir folgten einem gewundenen Canyon, der zu einer niedrigen Schwelle hinaufführte. Dahinter weitete sich die Talfurche zu einem Kessel, der ringsum von Bergen eingeschlossen war. Schon aus der Ferne leuchteten uns die weißen und roten Gebäude des Klosters entgegen. Wieder einmal musste ich das feine Gespür für die Wahl des richtigen Platzes bewundern, das die Gründer solch alter Heiligtümer bewiesen, ob im Himalaja oder hier in der Mon-golei. Es stimmte einfach alles. Die Klosteranlage schmiegte sich terrassenförmig an einen Berghang, der den Talkessel im Norden begrenzte. Sie war nach Süden ausgerichtet, zur geistigen Heimat Tibet. Davor gab es einen großen freien Platz, auf dem wohl früher, wenn die Pilger hier zusammenströmten, die weißen mongolischen Filzzelte standen.

Noch bevor man den Klosterhof erreichte, kam man am Fuße eines Hügels vorbei, der dem Heiligtum gegenüberlag. Der Chauffeur wollte in üblicher Manier bis zum Eingangstor fahren, aber ich hielt ihn zurück und hieß ihn auf der Höhe des Berghanges anhalten. Nicht weit davon entfernt setzte ein Steig an, der zum Gipfel des Aussichtsberges hinaufführte.

Es war mir zur Gewohnheit geworden, wenn ich ein Heiligtum besuchte, nicht gleich draufloszustürmen, sondern mich behutsam zu nähern, es auf dem Rundweg zu umwandern oder es einfach aus der Entfernung von einem besonderen Standort aus auf mich wirken zu lassen. Der vorgelagerte Bergrücken schien sich dafür am besten zu eignen. Abgesehen von den neu angelegten Stufen war der Pfad, den ich hochstieg, der letzte Rest des Pilgerweges, der das Kloster einstmals wie ein Ring umschloss. Von oben eröffnete sich ein herrlicher Rundblick über die Gesamtheit der Anlage. Je länger ich es betrachtete, desto mehr erinnerte es mich an ein großes Kloster in Amdo. Die umliegenden, teils spärlich bewaldeten Hügel, der kleine Bach, der daran vorbeiführte, die Art, wie sich die Gebäude an den Berghang drängten, ja selbst der Hügel, auf dem ich stand, ließen mich an Kumbum denken. Natürlich hielt Bathar Sheilun, wie Przewalski das Kloster nannte, in Bezug auf Größe mit Kumbum keinem Vergleich stand; trotzdem spürte ich eine große Ähnlichkeit. Es wirkte ähnlich verlassen und museal, und auch hier fehlten die Gläubigen.

Als der Russe Nikolai Przewalski im Jahre 1871 mit seiner Karawane vor den Toren des Klosters lagerte, lebten hier 2000 Mönche. Hinzu kamen im Sommer noch mehrere tausend Pilger, die aus allen Teilen der Mongolei hier zusammenströmten. Dagegen wirkten die zehn Lamas, die wir zählten, wie fossile Überbleibsel einer anderen Zeit. Man versicherte uns zwar, dass insgesamt 30 Mönche hier lebten – gesehen haben wir sie jedoch nicht. Pilger trafen wir keinen einzigen.

Es bedurfte einiger Diskussion, bis uns ein Mönch die Türen zu zwei der »besterhaltenen« Tempel der Inneren Mongolei öffnete. Zuerst betraten wir die Maitreya-Halle mit der zentralen Figur des zukünftigen Buddha. Sie schien mir ganz neu, genauso wie die Statue von Avalokiteshvara, des populären Bodhisattva der Barmherzigkeit, und die gesamten Wandmalereien, die das Leben des Buddha darstellten. Gähnende Leere herrschte auch in der Sutrahalle. Es lagen nicht einmal mehr Teppiche und Kissen auf den langen Sitzreihen, die angedeutet hätten, dass sich hier noch gelegentlich Mönche zum Gebet versammeln. Nur die Wandmalereien waren hier noch aus der Gründerzeit (18. Jh.) erhalten.

Alle anderen Gebäude blieben uns verschlossen. Einer der älteren Lamas erklärte sich bereit, ein paar Fragen zu beantworten. Die Kommunikation war mühsam und lief über drei Stationen. Ich formulierte die Frage in Englisch, Peter gab sie auf Chinesisch an Orla weiter, der sie schließlich dem betagten Lama stellte.

Er erzählte mir, dass der letzte Rimpoche des Klosters im Jahre 1955 verstarb, seine Wiedergeburt aber erst 1980 gesucht und gefunden wurde – im Auftrag der Behörde in Baotou, die das Kloster verwaltete. Diese »Inkarnation« aber, ließ er mich wissen, hätten die Tibeter nie anerkannt.

Der abschließende Rundgang durch die leeren Gassen der Gelbmützen-Lamaserei, in denen nicht einmal mehr Hunde herumstreunten, relativierte vieles, vor allem auch die Ähnlichkeit zu Kumbum. Verglichen mit dem verwaisten Bathar Sheilun erschien mir das Amdo-Kloster voll pulsierenden Lebens.

Das Yinshan-Gebirge setzte sich noch weiter nach Westen fort, wir aber wandten uns nach Südosten, und von den letzten Ausläufern des Gebirges rollten wir hinunter in die weite Talebene des Gelben Flusses. Südlich davon und vom großen Bogen des Hoangho umschlossen, lag die Ordos-Wüste. Aber weder vom Gelben Fluss noch vom Land der Ordos-Mongolen war zunächst etwas zu sehen, weil sich vor uns die wuchernde Millionenstadt Baotou aus der flachen Steppe erhob.

Erst am nächsten Morgen überquerten wir den Gelben Fluss. Von seinen Ufern aus erstreckte sich ein ganzes Netzwerk von künstlichen Bewässerungskanälen, die eine Reihe neu geschaffener Oasen und deren explodierende Bevölkerung versorgten. Das Wasser des Hoangho und seiner Zuflüsse speiste schließlich auch Chinas »Grüne Mauer«, jenen Pflanzenwall, der die Ausbreitung der Gobi nach Süden stoppen sollte. Trotz des beträchtlichen Aderlasses blieb die Kraft des Gelben Flusses ungebrochen. Von den Quellen des Sternenmeeres gespeist, war er hier zu einem mächtigen Strom angewachsen, dessen lößbraunes Wasser ruhig und gleichmäßig dahinströmte.

Je weiter wir uns vom Gelben Fluss entfernten und damit tiefer in das Ordos-Gebiet eindrangen, desto trockener wurde das Land. Die Regel war einfach: So weit das Wasser des Gelben Flusses reichte, gab es Leben. Wo es Leben gab, wohnten Chinesen. Jenseits dieser Grenze war Wüste, dort lebten Mongolen.

Zuerst noch zaghaft, dann umso stärker unterband die Wüste jeden Versuch des Menschen, Ackerbau zu treiben. Das Land der Ordos-Mongolen war eine flache Steppe, mit spärlichem Gras, das gerade noch ausreichte, um eine beschränkte Anzahl von Schafen und Ziegen zu ernähren. Die wenigen Flussläufe waren buchstäblich vom Erdboden verschluckt. Sie hatten sich so tief in die Steppe gefräst, dass man sie aus der Ferne nicht erkennen konnte. In manchen Teilen hatte der Wind den Flugsand zu Barchanen geformt, die über die Steppe wanderten.

Überhaupt machte das Land einen erschreckend öden und langweiligen Eindruck, und man fragt sich unwillkürlich, was daran so begehrt war. Denn kaum ein anderer Landstrich dieser Region wechselte in der Vergangenheit so oft den Besitzer. Vielleicht war es die strategisch günstige Lage als Einfallstor nach China, die das Ordos-Gebiet so begehrenswert machte. Schon in der frühen chinesischen Geschichte war die flache Steppe das Aufmarschgebiet der gefürchteten Xiongnu. Später wurde sie Teil des Tangutenreichs Xixia, zu dem auch die befestigte Stadt Khara Khoto gehörte. Knapp vor seinem Tod zerschlug Dschingis Khan das tangutische Reich, und in seinem Gefolge ließen sich die Mongolen dort nieder. Aber erst im 15. Jahrhundert wanderte jener Mongolenstamm ein, der sich Ordos nannte und dessen Name auf das gesamte Gebiet überging.

Kerzengerade zog sich die Straße in Richtung Westen. Die Gleichförmigkeit der Landschaft war kaum mehr zu überbieten. Wir waren seit Stunden unterwegs, da tauchten in der flimmernden Hitze dunkle Punkte auf, die rasch Gestalt annahmen. Aus der Steppe schossen runde, teils hölzerne, teils gemauerte Gebäude mit jurtenähnlichen Dächern. Wir standen vor einer jener Kultstätten, die den Mythos von Dschingis Khan am Leben erhielten – der bekanntesten von allen, dem »Mausoleum« von Ejin Horo Qi. Im Hauptgebäude, dem so genannten »Dschingis-Khan-Palast«, stehen vier Zelte aus gelber Seide, in denen sich die sterblichen Überreste des großen Ahnherrn und seiner drei Frauen befinden sollen. Er selbst erschien als meterhohe Figur an der Rückwand des achteckigen Gebäudes. Die Wände schmückten Bildwerke, die Szenen aus dem Leben des Herrschers wiedergaben. Die gesamte Anlage, wie sie sich uns zeigte, stammte zweifellos aus neuerer Zeit. Als im Jahre 1939 die Gefahr bestand, dass japanische Invasionstruppen bis ins Ordos-Gebiet vorstießen und die Zelte des Dschingis-Khan-

Heiligtums in ihre Hände fallen könnten, wurden sie abgebaut und an einem sicheren Ort versteckt. Nach dem Ende des chinesischen Bürgerkrieges und der Machtübernahme der Kommunisten kehrten die Reliquien wieder in die Ordos-Steppe zurück. Mit großem Pomp, im Beisein hoher mongolischer und chinesischer kommunistischer Würdenträger, wurde der alte Ahnenkult – sehr zum Missfallen der Sowjetunion – wiederbelebt.

Was hier wirklich noch an originalen Relikten aus der Zeit Dschingis Khans vorhanden sein mochte, war kaum festzustellen. Viel allerdings konnte es nicht sein, denn was je an derartigem da war, wurde spätestens während des Aufstandes der Moslems, die sich in den Jahren 1862 bis 1877 gegen die herrschenden Chinesen empörten, vernichtet.

Ein Schleier des Geheimnisvollen umwehte den Tod und die Bestattung des »unsterblichen« Khans. Zwar ging die Kultstätte an diesem Ort auf die Zeit seines Todes im Jahre 1227 zurück, aber die Gebeine des Herrschers beanspruchten auch noch andere Orte. An vier verschiedenen Plätzen des mongolischen Reiches entstanden ähnliche Palastzelte, in denen – ebenso wie hier im Ordos – Katafalke zu seiner Verehrung aufgebaut wurden. Gewiss, die enorme Anziehungskraft, die diese Gedächtnisstätte in der Vergangenheit auf die Mongolen ausübte, spräche dafür, auch ist es denkbar, dass Dschingis Khans sterbliche Überreste eben dort bestattet wurden, wo er seine letzten großen Schlachten und Siege feierte – im Tangutenreich. Andererseits gab es Quellen, die darauf hindeuteten, dass man seinen Leichnam in der Nähe seiner Geburtsstätte am Onan-Fluss beisetzte. Bis heute ist sein Grab, trotz heftigen Bemühens, nicht gefunden worden. So gibt es weiterhin Stoff, den Mythos zu nähren.

Auch in der Frage, woran Dschingis Khan nun wirklich starb, hielten sich die Quellen seltsam bedeckt. »Im Jahr des Schweines

(1227) stieg Dschingis Khan zum Himmel«, war alles, was die »Geheime Geschichte der Mongolen« darüber verrät. Es ist zu auffällig, dass dieses älteste bekannte mongolische Geschichtswerk die Umstände seines Todes völlig ignoriert, um als bloßer Zufall abgetan zu werden. Dort, wo die offizielle mongolische Chronik diskret schweigt, äußern sich andere Quellen umso lauter. Hartnäckig hielt sich das Gerücht, der große Steppenkrieger sei durch Einwirkung weiblicher List aus dem Leben geschieden. Nach seinem Sieg über die Tanguten ließ Dschingis Khan den glücklosen Herrscher zuerst gefangen nehmen und dann hinrichten. Darüber waren sich die Quellen noch einig. Dabei ließ er es aber nicht bewenden, so jedenfalls wollten es einige Überlieferungen wissen, sondern er begehrte auch noch die Frau des gemordeten Tanguten-Königs. Die schöne Körbelchin – die »Eidechsengleiche« – dürfte von dieser Art der Brautwerbung nicht sonderlich erbaut gewesen sein. Auch wenn es in jenen Kreisen damals durchaus üblich war, die Frauen besiegter Feinde seinem Eigentum einzuverleiben, kann man sich vorstellen, dass es nicht gerade die Basis für eine liebevolle Beziehung bildete. Jedenfalls berichteten eine Reihe mongolischer Quellen, dass dem Leib des Khans, nachdem sie miteinander geschlafen hätten, »Leid geschehen sei«. Danach habe die Tangutin die Flucht ergriffen und sich in den Fluten des Gelben Flusses ertränkt.

Das Leben und Sterben von Dschingis Khan wurde im Laufe der Zeit so von Legenden umwoben, dass es aussichtslos erscheint, Historie und Mythos auseinander zu halten. Vieles, was über ihn berichtet wurde, stammte von seinen Feinden, also von den Besiegten, die ihn nur als grausamen Eroberer darstellten, der mit seinen berittenen Bogenschützen die halbe Erde verwüstete. Während die christlichen, mohammedanischen und chinesischen Geschichtsschreiber sich überboten, ihm alles andere als menschliche Züge zu geben, entrückten ihn die Mongolen und der buddhistische Klerus in die Nähe der Lichtgestalt des Geser Khan. Vom »ex tartaro« – der aus der Hölle kam – bis zum verehrungswürdigen himmlischen Ahnherr reichte die Bandbreite der Gefühle, die sein Leben erzeugte. Er wurde gehasst und geliebt, verteufelt und verehrt, nur gleichgültig ließ er nicht. Jedes Volk, jede Epoche hat ihre Helden, die Mongolen haben Dschingis Khan, und er hat sie – immer noch. Auch hier im »Freilichtmuseum« von Ejin Horo lebte der Mythos von Dschingis Khan fort. Noch immer fanden sich die selben Gemeinplätze, aus denen die Legenden gestrickt werden. Man brauchte nur die Wandbilder zu betrachten, dann sah man sie wieder, die alten Helden, in gestrecktem Galopp über die Steppe reiten. Man meinte fast, den Trommelschlag der Hufe zu vernehmen und das feine Vibrieren der Erde zu spüren, wenn sie heranstürmten. In einer anderen Szene hatten sich die Fürsten der Filzzelte versammelt, mit ihren Frauen und Töchtern waren sie gekommen, um dem Khan ihre Loyalität zu geloben.

Die buddhistischen Klöster wurden weitgehend zerstört, die Religiosität ausgerottet, aber zur Kultstätte des Dschingis Khan pilgerten die Mongolen immer noch. Mag sein, dass sein Mythos nicht mehr die Kraft besaß, um den Traum von der Unabhängigkeit – was die Innere Mongolei betraf – wiederzubeleben, aber gestorben war er deshalb nicht.

Die Trabantenstadt

Die Bilder mit den eleganten Reiternomaden blieben mir noch lange im Gedächtnis, vor allem, als wir im Schneckentempo über die Rippelpiste westwärts holperten. Pferdestärken besaß unser Fortbewegungsmittel, aber sie nützten wenig, weil der Chauffeur einen sehr eigenwilligen Umgang damit pflegte. Schon beim Verlassen der gepflasterten Straße hatten sich seine Gesichtszüge in sorgenvolle Falten gelegt. Alle paar Kilometer hielt er an, umkreiste das Fahrzeug wie ein Heiligtum, klopfte da und dort, und jedes Mal wenn er wieder einstieg, um die Fahrt fortzusetzen, gab er mir durch Kopfschütteln zu verstehen, dass nur ein Verrückter ihm diese Fahrt hier eingebrockt haben konnte. Dabei ging es jetzt erst richtig los.

Das nächste Hindernis ließ nicht lange auf sich warten. Eine Düne hatte die Straße verlegt und musste nun im Gelände umfahren werden. Obgleich dies alles andere als eine ernst zu nehmende Hürde war, verfiel der Fahrer beim Anblick des vielen Sandes in hysterisches Lachen, und er beruhigte sich erst, als ich ihm erklärte, dass ich mit meinem Fahrzeug viel schwierigeres Gelände meisterte, und ich überzeugt wäre, dass er als Berufsfahrer das noch viel besser könnte. Damit hatte ich seinen Ehrgeiz getroffen. Ich wollte ihm noch den Rat geben, einen niederen Gang einzulegen und mit höherer Drehzahl durch den Sand zu fahren, aber da war es schon zu spät. Schon saßen wir fest, weil er es genau umgekehrt tat. Da wohl weiße Handschuhe, aber nicht Schaufel und Sandbleche zu seiner Standardausrüstung gehörten, blieb nur die Muskelkraft, um das Fahrzeug wieder in Bewegung zu bringen. Daran mangelte es zum Glück nicht, und mit vereinten Kräften schoben wir das Vehikel wieder auf die Piste.

Als Nächstes steuerte die Piste auf eine seltsame Steinpyramide zu, die mutterseelenallein in der Landschaft stand. Das neuerliche »Hindernis« entpuppte sich als Wegweiser für die Seele. Wie in Tibet standen auch in der Mongolei an markanten Punkten Steinmale, die fromme Pilger aufgeschichtet haben. Während es sich in Tibet zumeist um einfache Steinhaufen handelte, aus denen sich Büschel von Gebetsfahnen reckten, waren die mongolischen Obos eindrucksvolle Bauwerke. In einer Welt, wo es weit und breit nichts Größeres als Sandkörner gab, erschien allein die Anhäufung von

Steinplatten schon als ein Wunder. Die Steinblöcke waren zu einer runden, dreistufigen Pyramide geschichtet, aus deren Mitte ein Holzpfahl ragte, von dessen Spitze in alle vier Himmelsrichtungen Seile führten. Das Obo erinnerte den Sucher in der Wüste an den edelsten aller Wege, den es zu gehen gilt – an den Pfad, der zur Befreiung führt.

Im Westen tauchte nun eine kahle, von den Kräften der Verwitterung zersägte Bergkette auf, die in der Abendsonne rot aufleuchtete, als stünde sie in Flammen. Die Gipfel sahen mächtiger aus, als sie in Wirklichkeit waren. In einer Welt, wo man auf mehrere Kilometer Entfernung einen größeren Stein erkennen konnte, verschoben sich die gewohnten Maßstäbe. Nach meinen Berechnungen musste es jener Bergzug sein, der auf neueren Karten unter dem Namen Helan Shan eingetragen war. Er markierte den westlichen Rand eines der ausgedehntesten Sandgebiete der Gobi, dessen Name in früheren Zeiten auch das Gebirge bezeichnete: die Alashan Shamo.

Vom Sandmeer war hier aber noch nichts zu spüren, im Gegenteil: Ganz unerwartet stießen wir auf einen Fluss, dann auf den nächsten, und schließlich standen wir vor dem Hoangho. Der Gelbe Fluss hat hier ein deltaähnliches System von Wasserläufen gebildet; die Räume dazwischen waren stark versandet, so wie die Straße, die sich im Zickzack hindurchschlängelte.

Trotz des Vorhandenseins von genügend Wasser machte die ganze Gegend einen verödeten Eindruck. Weshalb gab es hier keine künstlich angelegten Kanäle wie sonst überall entlang des Gelben Flusses, mit deren Hilfe man Felder bewässerte? Warum lebten hier keine Menschen? Die Frage beantwortete sich ein paar Kilometer weiter von selbst. Vor dem Hintergrund der Helan-Berge tauchte die Skyline einer Stadt auf. Hochhäuser aus Beton und rauchende Schlote schossen in wirrer Anordnung aus dem Boden. Während am »Grab des Dschingis Khan« die Vergangenheit nicht aufgehört hat, begann hier bereits die Zukunft. Die Gegensätze waren kaum mehr zu überbieten.

Mitten im Sand setzte eine sechsspurige Straße an. Die wenigen Radfahrer, die uns begegneten, wirkten darauf wie verloren. Aus dem ineinander verschachtelten Gewirr armseliger Baracken wuchsen Betonklötze mit gekachelten Fassaden wie Riesenpilze. Es sah aus, als wollte man mit Hilfe eines unerwarteten Geldsegens das verschlafene Wüstennest in eine Mischung aus Las Vegas und Silicon Valley verwandeln. Chinas radikale Wirtschaftspolitik, ausgerichtet auf Wachstum um jeden Preis, hat bis hierher durchgeschlagen. Wuhai glich einem Abenteuerspielplatz der boomenden Bauindustrie. Die Bedingungen für Bauherren waren paradiesisch. Ohne jegliche Auflagen konnte hier geplant und ausgeführt werden. Während in rasender Geschwindigkeit, in Tag- und Nachtschichten Wolkenkratzer hochgezogen werden, sieht man daneben Menschen, die mit bloßen Händen den täglichen Bedarf an Kohle in ihre Wohnungen schaffen. Mit ähnlicher Schnelligkeit wie das Wachstum wurden auch die Schattenseiten sichtbar. Die Gerüste an den Hochbauten waren noch dran, der Paradeplatz mit den bunten Lampen und dem Springbrunnen noch nicht fertig gestellt, da schliefen schon Obdachlose auf zusammengestellten Billardtischen.

Die Dynamik, mit der sich Wuhai entwickelte und veränderte, überraschte auch Orla. Das Hotel, zu dem er uns führen wollte, gab es nicht mehr. Hilflos irrten wir in der aufstrebenden Wüstenmetropole umher, fragten da und dort. Einmal verwies man uns auf einen Gebäudekomplex, der gerade erst im Rohbau fertig war, dann standen wir vor einem halb abgerissenen staatlichen Gästehaus. Der Chauffeur machte mich zum wiederholten Mal darauf aufmerksam, dass seine Abendmahlzeit überfällig sei und er sein Shushi, die geheiligte Ruhepause, brauche. Als wir wieder einmal am großen Platz vorbeikamen, schlug ich Orla vor, schon einmal ein paar Billardtische zu reservieren, solange sie noch frei waren. Aber so weit kam es nicht. Schließlich fanden wir Obdach in einem grauen Gebäude, an dem wir mehrmals vorbeifuhren, aber es nicht als Hotel erkannten, weil die Aufschrift abmontiert worden war. Am nächsten Morgen verzögerte sich die Abfahrt um weitere Stunden. Orla hatte die schwierige Aufgabe übernommen, nach einem zweiten Fahrzeug samt wüstentauglichem Fahrer zu suchen. Dies war notwenig geworden, weil es zu riskant erschien, in die vor uns liegenden Wüstenpassagen nur mit einem einzigen Fahrzeug hineinzufahren. Außerdem war der Minibus mit acht Personen und dem Gepäck so überfrachtet, dass wir kaum eine Chance hätten, schwierigeres Gelände zu meistern. Ich hatte Orla klargemacht, dass er unbedingt ein geländegängiges Vehikel anmieten musste und möglichst einen Fahrer, der die Strecke nach Khara Khoto gut kennt. Kurz vor Mittag erschien er mit einem armeegrünen Beijing-Jeep, der zwar klein, aber – wie ich wusste – recht robust und im Gelände recht wendig war. Der Fahrer, ein Chinese, schien der ganzen Sache eine gewisse Herausforderung abzugewinnen, jedenfalls malte er mir gestenreich die Schwierigkeiten der bevorstehenden Fahrt aus und führte mir vor, mit welch ausgefeilter Fahrtechnik er die »Shamo« bezwingen werde.

Ein Teil unseres Gepäcks konnte nun in die »grüne Ameise« umgeladen werden. Orla nahm auf dem Beifahrersitz Platz, dann mussten die Fahrzeuge noch betankt werden, bevor wir endlich in Richtung Westen aufbrachen.

Auf alten Karawanenwegen zum Edsin Gol

Die Skyline der Trabantenstadt Wuhai war bald im Staub verschwunden, den die Fahrzeuge in dicken Wolken hinter sich her zogen. Vor uns tauchte nun der Helan Shan auf. Aus der Ferne machte das Gebirge einen recht kompakten Eindruck, aber nun löste es sich in ein weitläufiges System von unbedeutenden Hügeln auf, die für die Fahrzeuge keinerlei Schwierigkeiten boten. Erst danach schoben sich von Norden Sanddünen heran, die zum Teil schon beträchtliche Höhen aufwiesen. Die Piste wurde nun merklich schwieriger und zog sich geschickt zwischen den nördlichen Ausläufern des Wüstengebirges und dem ausgedehnten Dünengebiet hindurch. An einigen Stellen hatte der Sand die Straße überspült, aber er war nicht sehr tief. Absehen davon gab es genügend alte LKW-Spuren, denen wir folgen konnten.

Danach wich der Sand wieder nach Nordosten zurück und öffnete einen natürlichen Korridor. Im Westen, im Süden und im Osten konnte man in der Ferne gelb gezackte Kämme von Wanderdünen erkennen. Sie bildeten an drei Seiten scharfe Begrenzungen, sodass nur der Weg nach Nordwesten offen schien. Dies musste jene Passage sein, in der früher ein Karawanenweg verlief, der von Tibet über die Stadt Bayan Hot (früher Dingyuanjing) nach Khara Khoto und weiter in die nördliche Mongolei führte. Der alte Weg, an dessen Stelle nun die Straße getreten war, umging das Sandmeer der Alashan in einem weiten Bogen, indem er einer Kette von Wasserstellen folgte, die hier einstmals existierten.

Die gleiche Route benutzte zu Beginn des Jahrhunderts auch der Russe Koslow, als er mit seiner Karawane von Khara Khoto nach Tibet und wieder zurück zog. Koslow benötigte für die Strecke von Khara Khoto bis Dingyuanjing (Bayan Hot) 25 Tage. Fast jeden Tag konnten sie an einem Brunnen oder gar See lagern. Bisweilen trafen sie auf kleine Oasen, urwüchsige Pappelwälder und Schilfdickichte, die einer – im Vergleich zu heute – sagenhaft anmutenden Tierwelt Lebensraum boten. Ohne Zweifel müssen sich die Lebensverhältnisse in diesem Jahrhundert radikal verschlechtert haben. Wenn man heute die zerborstenen, von glänzendem Wüstenlack überzogenen Gesteine sieht, auf denen nicht einmal mehr die anspruchslosen Tamarisken und Saxaul überleben können, fällt es einem schwer zu glauben, dass hier früher Menschen lebten.

Zu Koslows Zeiten, also vor knapp hundert Jahren, gab es im Umkreis der Brunnen genügend Weideland, das ausreichte, um Mongolen mit ihrem Vieh ein Auskommen zu gewähren. Als die Brunnen versiegten, verschwanden auch die Pflanzen und Tiere – und die Mongolen. Das Leben reduzierte sich auf wenige Oasen, wo mit großem Aufwand das lebensspendende Wasser aus den Tiefen der Erde gepumpt wurde. Dort aber siedelten sich bevorzugt Chinesen an. Auch Koslow fiel die »wirtschaftliche Versklavung« der Mongolen durch die eingewanderten Chinesen auf. »Sie eignen sich nicht nur im Gebirge, sondern auch in dem im Osten angrenzenden Tal des Gelben Flusses die besten Ländereien an«, beklagte sich Koslow. »Sie roden blindlings die Wälder. An den Abhängen des Alashan (-Gebirges) gibt es wohl kaum noch eine Schlucht, in der nicht Gruppen von chinesischen Fansen stehen, in denen nicht der Schlag der Axt ertönt und keine geschälten Stämme leuchten. Die Holzfäller dringen bis in die höchsten Lagen des Gebirges vor und schonen auch nicht eine einzige Baumart, nicht einen einzigen Baum, der ein bestimmtes Alter erreicht hat. Wenn man die alljährliche, in keinerlei Weise gehinderte Abholzung des Waldes bedenkt, wird einem verständlich, warum die Quellen und Brunnen austrocknen, warum die Oase Dingyuanjing immer wasserärmer wird und warum schließlich die mongolische Bevölkerung in absehbarer Zeit von der Gefahr einer völligen Ausrottung bedroht ist.«

Koslows letzter Satz beschrieb keine düstere Zukunftsvision, sondern traf genau die gegenwärtige Realität. Wohin man auch blickte, nirgendwo fanden sich Spuren von Leben. Die flache Kieswüste, über die wir glitten, war genauso tot wie die Sandberge, die den Horizont begrenzten. Aber was bedeutete das für die bevorstehende Wüstendurchquerung? Konnte ich mich überhaupt darauf verlassen, dass es die Salzseen, die auf unserer Karte eingezeichnet waren, noch gab? War es nicht trügerisch, davon auszugehen, dass wir wie in der Takla Makan durch Graben an Wasser kommen konnten? Selbst wenn wir unseren gesamten Wasserbedarf auf Kamelrücken unterbrachten, waren wir immer noch darauf angewiesen, dass die Tiere Wasser fanden.

Ein heftiger Ruck riss mich unsanft aus meiner Gedankenwelt. Das Fahrzeug neigte sich zur Seite, schleuderte und war nur mit Mühe abzufangen. Der vorprogrammierte Reifenschaden gab Gelegenheit, uns die Beine zu vertreten. Nach einer halben Stunde ging es wieder weiter. Ungünstig war nur, dass das vorausfahrende Fahrzeug längst über alle Berge war. Unser Rückstand vergrößerte sich noch, weil der abgefahrene Reservereifen zu langsamem Tempo zwang. Ein weiterer platter Reifen hätte das vorläufige Ende der Fahrt bedeutet. Aber da tauchten von Zäunen und Mauern eingefasste Gärten auf. Auch das spärliche Weideland war eingezäunt und wurde von Ziegen und Kamelen redlich geteilt. Da und dort reckten wilde Pappeln ihre knorrigen Äste in den Himmel. Oberhalb der künstlich bewässerten Felder, auf einer natürlichen Terrasse, standen Häuser im Kasernenstil. Ihre einstmals weiß getünchten Mauern harmonierten nun mit dem gelbbraunen Wüstenstaub ringsum.

Bevor wir den Ort erreichten, kamen wir zu einer Weggabelung. Der Fahrer wäre in Richtung Norden durchgestartet, hätte ich ihn nicht unerbittlich in die Siedlung dirigiert. Vom ersten Bewohner, der uns über den Weg lief, erfuhren wir, dass wir in Shar Burd angekommen waren. Auch der Beijing-Jeep wäre hier durchgekommen, verriet er uns, und der Fahrer hätte – ebenso wie wir – nach dem Gästehaus gefragt. Augenblicke später parkten wir neben der »grünen Ameise« inmitten eines Innenhofes.

Winzig klein wirkt die Karawane inmitten dieses »Himalaja« des Sandes.
Die mächtigsten Dünengebilde erreichen hier Höhen von über 400 Metern.

Täglich müssen mehrere der hunderte Meter hohen Sandberge überquert werden. Der Weg folgt oft messerscharf gezackten Dünengraten.

Trotz des aufkeimenden Sandsturms zieht die Karawane weiter, denn die Wasserreserven schrumpfen. Bleiben kann die Karawane nur dort, wo es Wasser gibt.

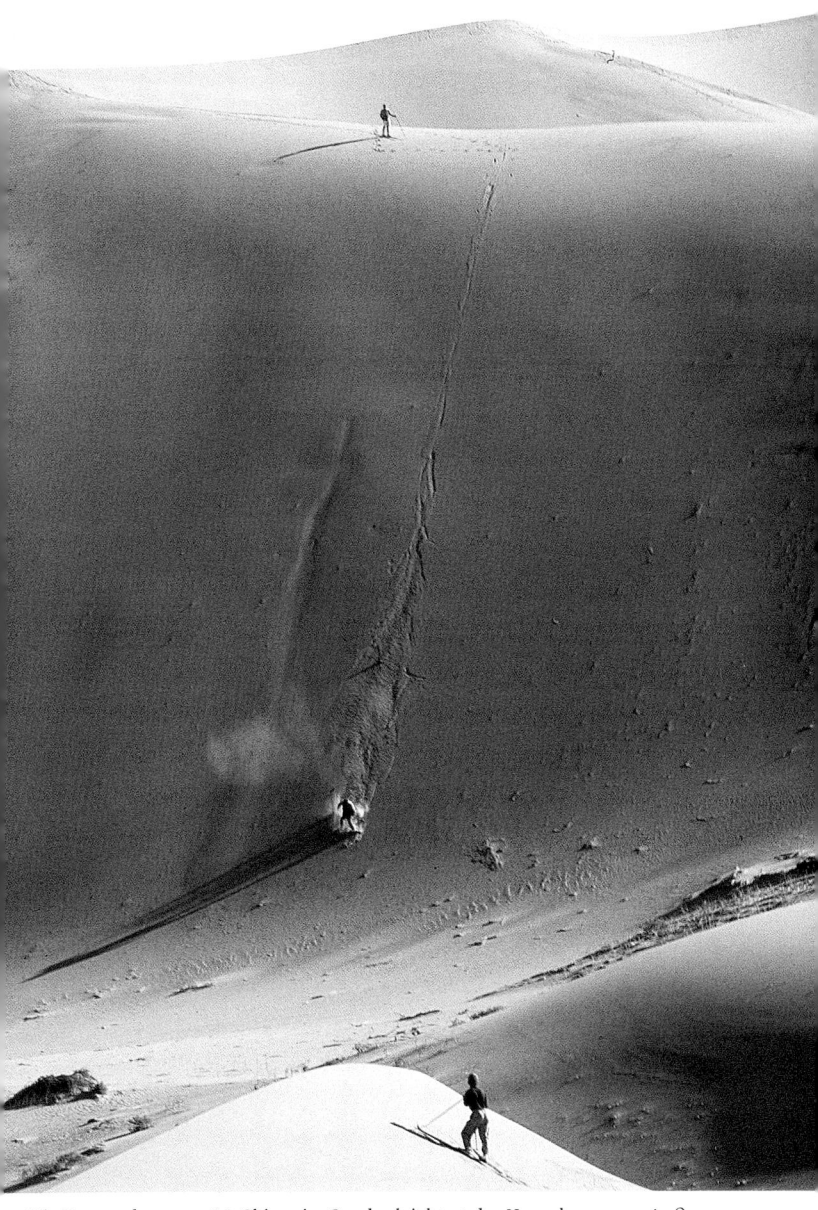

Die Verwendung von LL-Skiern im Sand erleichtert das Vorankommen. Außerdem macht es Spaß, über die steilen Leeseiten der Sandberge abzufahren.

Inmitten der flachen Kameldornsteppe, die die Mongolen Gobi nennen, sitzt ein buddhistischer Mönch und führt eine Puja, eine Gebetszeremonie, durch.

In der Bardain Jaran Shame gibt es nur wenig Leben. Zuweilen zeigt sich eine Agame: perfekt getarnt bewegt sie sich im Sand fast schwimmend fort.

Trotz der Trockenheit kann dieser Dornbusch hier überleben.

Steile Sandberge sind für die beladenen Kamele schwierige Hindernisse. Die Kameltreiber müssen die Tiere teilweise abladen oder ihnen einen Weg schaufeln.

Erst in den letzten Tagen wird das Gelände leichter, flachen die Sandberge ab und geben uns einen gangbaren Weg frei.

Lagerplatz in der Bardain Jaran Shamo. Alles ist längst eingefahrene Routine: Abladen der Kamele, Aufstellen der Zelte, Kochen.

Unvermittelt bricht der Winter über die Wüste herein. Die Temperaturen sinken unter den Gefrierpunkt, in einer Nacht fällt sogar Schnee.

Bruno Baumann läuft im Sandsturm voraus, um der nachfolgenden Karawane den Weg zu weisen.

Bruno Baumann (links), der Mongole Orla (Mitte) und der SPIEGEL-Reporter Jürgen Kremb (rechts) am Ziel.

Wir wurden bereits erwartet. Die Sicherheitsbehörden von Bayan Hot hatten in Gestalt einer attraktiven Chinesin ein Auge auf uns geworfen. Ab dem nächsten Ort, so wurde mir erklärt, würden wir militärisches Sperrgebiet betreten, und das wäre nur in Begleitung eines lokalen Offiziers möglich. Wir hatten natürlich gehofft, die Chinesin würde mitkommen, aber sie wollte nur unsere Reisepässe sehen. Mit auf die Reise ging ein junger Mongole, der, wie man mir versicherte, über allerbeste Kontakte verfügte und uns den Weg nach Khara Khoto freimachen würde. Wie weit das stimmte, würden wir am nächsten Tag bereits sehen, denn da mussten wir die Militärkontrolle passieren.

Um den Behörden in Bayan Hot keine Zeit zu geben, es sich noch einmal anders zu überlegen, bat ich Orla, die Fahrer mit einer Sonderprämie zu überreden, morgens sehr früh zu starten und an einem Tag bis zum Edsin Gol durchzufahren. Waren wir einmal dort, konnte ich Khara Khoto jederzeit zu Fuß erreichen.

Es war eine unerklärliche Anziehungskraft, die diese versunkene Stadt in der Gobi auf mich ausübte. Noch bevor ich eines der alten Schwarz-Weiß-Bilder gesehen hatte, träumte ich bereits von Khara Khoto. Es war der einzige Platz in der Gobi, der mich wirklich interessierte, und erst später kam die Idee der Durchquerung der Alashan-Wüste hinzu. Die Gründe, nach Khara Khoto zu gehen, befanden sich nicht im Kopf, sondern im Bauch. Ich folgte einem Gefühl, einer inneren Stimme, die ich zu hören gelernt hatte und der ich bei allen wichtigen Entscheidungen vertraute. Die Bilder von Khara Khoto, die vor dem inneren Auge entstanden, bezogen sich auf Tibet, den Mythos von Shambhala, der mich seit Jahren beschäftigte. Nur Vision? Projektion? Visionen sind aber meine Wirklichkeit, die Wahrheit, nach der ich lebe.

Das Tor zu Shambhala bewachte ein Soldat in grüner Uniform. Nur wenige Kilometer nördlich von Shar Burd lag Bayan Nor. Hier begann jenes Gebiet an der Grenze zur Äußeren Mongolei, das dem Militärkommando von Gansu unterstellt war. Der Soldat trat heran, salutierte vorschriftsmäßig, verlangte die Pässe und ... ließ uns passieren!

Kurze Zeit später kamen wir am Kloster Shartsan-sume vorbei. Auch wenn schon aus der Ferne zu erkennen war, dass der größte Teil des Heiligtums in Trümmern lag, wollte ich mir den Ort unbedingt ansehen. Es stand in zauberhafter Lage auf einer Felsterrasse am südlichen Abhang eines zerklüfteten Gebirgsriegels. Von den einstmals drei Tempeln war nur noch einer übrig geblieben. Genauer gesagt: Nur ein einziges Gebäude war nach der Zerstörung wieder aufgebaut worden. Von allen anderen Bauten zeugten nur noch Ruinen. Als sich der Russe Koslow im Frühsommer des Jahres 1908 mit seiner Karawane näherte, leuchteten ihm schon von weitem die weißen Suburgane, Tempel und Mönchszellen entgegen. Ein Brunnen mit klarem Süßwasser und ein schattiger Hain luden zum Verweilen ein. Vom ganzen Wunder der kleinen Oase stand nur noch ein einziger Baum. Sein mächtiger Stamm, der sich zwischen Graniten herauswand, und die saftig-grüne Krone gaben dem Ort einen letzten Hauch von Leben.

Dann machten wir uns auf die Suche nach Menschen. Das hölzerne Tor zum Heiligtum war verschlossen, und auf unser Klopfen antwortete niemand. Auch die hässliche kleine Lehmhütte, die nur für den Wächter gedacht sein konnte, fanden wir fest verriegelt. Nicht weit davon entfernt stand noch eine Filzjurte. Als wir uns ihr näherten, trat eine alte Frau heraus und blickte uns entgeistert an. Die Alte konnte sich nur mit Mühe, auf einen Stock gestützt, auf den Beinen halten und machte einen apathischen Eindruck. Jedenfalls zeigte sie keine Reaktion, als Orla sie auf Mongolisch ansprach. Da vernahmen wir den monotonen Singsang gemurmelter Mantras, die aus dem Inneren des Zeltes drangen. Orla schob die

Filzdecke am Eingang zur Seite und verschwand im Halbdunkel des Inneren. Kurze Zeit später erschien er mit der Nachricht, dass der Schlüsselverwalter nicht da sei und wir folglich das Kloster nicht besichtigen könnten.

»Und wer ist in diesem Zelt?«, wollte ich wissen.

»Ein Lama«, antwortete der Mongole.

»Kannst du ihn fragen, ob er mich empfängt und ein paar Fragen beantwortet?«, bat ich Orla. Wieder verschwand der Mongole im Zelt und kam genauso schnell wieder mit der Antwort zurück.

»Ja, der Lama bittet dich jetzt einzutreten.«

Der Mönch war schon sehr alt. Mit Augen, die nur noch wenig Lebenskraft zeigten, blickte er mich über den Brillenrand hinweg an. Er konnte sich kaum noch bewegen, nur durch die Finger glitt unablässig die Gebetsschnur. Obwohl sich Orla bemühte, meine Fragen dem Lama möglichst verständlich zu formulieren, war nicht viel herauszubekommen. Demnach stammte er aus dem großen nordöstlich gelegenen Kloster Shande-sume, das die Mönche zu Beginn der Kulturrevolution aus Angst verließen. Das Heiligtum verfiel, der Rest wurde zerstört. Die nachfolgende Zeit beschrieb er als sehr schlimm, weil die Mönche verfolgt, zwangsverheiratet, in Zivilkleidung gesteckt und in Arbeitslager geschickt wurden. Erst vor sieben Jahren kam er mit seiner Frau nach Shartsan-sume, um hier die letzten Tage seines Lebens zu verbringen. Nach seinen Angaben wurde das Gelugpa-Kloster vor 200 Jahren errichtet, im Jahre 1967 zerstört und erst 1987 teils durch staatliche Mittel, teils durch Spenden der Gläubigen wieder aufgebaut. Allerdings nur zum Teil, wie wir sahen.

Unmittelbar nach Shartsan-sume drangen wir in ein vollkommen vegetationsloses Gebirge ein. Verwitterte, in einzelne Blöcke zersprungene Granite formten hier eine unwirkliche Landschaft. In vielen Windungen zog sich die Piste durch enge Canyons und über kleine Schwellen. Danach wurde das Gelände wieder offener. Immer häufiger waren Ebenen eingelagert, die mit Saxaul bestanden waren. Um jeden Busch hatte der Wind ein Sandpolster angehäuft. Sie erinnerten an Schaumkronen im aufgewühlten Meer.

Die hohen Sanddünen, die uns bis Shar Burd begleiteten und stets die Nähe der Alashan spüren ließen, waren nun gänzlich verschwunden. Stattdessen begrenzten seltsame Abbrüche die weiten Talfurchen, denen wir folgten. Sie ließen vermuten, dass der ursprüngliche Wüstengrund viel höher lag und all die Täler, die wir vor uns sahen, erst durch die Kräfte der Erosion aus der Hanhai-Scholle herausgefräst wurden. Stundenlang ratterten wir über Rippelpisten, endlose Kies- und Trümmerflächen. Menschenleer lag dieser riesige Raum unter dem tiefblauen Himmel da. Nur einmal hielten wir für längere Zeit an. Eine weitere Reifenpanne bescherte uns diese erzwungene Rastpause. Mehrmals kamen wir noch an Militärstützpunkten vorbei; beim letzten, es war knapp vor Sonnenuntergang, hielten wir an, um einen Imbiss einzunehmen. Es gab frische handgezogene Nudeln mit gebratenem Gemüse. Dann ging es sofort weiter.

Die Wüste gab nun einen weiteren Talkessel frei, in den wir langsam hinunterglitten. Der nach Nordwesten weisende Goitzo-Kessel markierte eine der tiefsten Stellen in der Mongolei. Koslow äußerte sogar die Vermutung, er hätte früher zusammen mit den beiden Seen Gashun und Sogo Nor eine zusammenhängende Wasserfläche gebildet.

Wenn es wirklich so war, dann musste es lange her sein, denn die Verwüstung war weit fortgeschritten. Andererseits konnte ich ermessen, wie schnell sich seit Koslows Besuch in nicht einmal einem Jahrhundert die Umweltbedingungen verändert hatten.

»Als wir am 29. Mai (1908) den Talkessel Goitzo betraten«, schrieb der Russe, »und die ausgedehnten, leise raschelnden Schilfdickichte erblickten, zwischen denen Streifen von klarem Wasser blinkten, meinten wir, es könnte nichts Schöneres auf der Welt geben.«

Die grünen Schilfdickichte, die Quellen und spiegelnden Salzsümpfe waren indessen verschwunden. Die Pflanzenwelt hatte sich im Wesentlichen auf Tamarisken und Saxaul reduziert. Die Landschaft bot keinerlei Abwechslung und Reize. Die »grüne Ameise« war längst in der Ferne unseren Blicken entschwunden, und der Fahrer neben mir wurde immer müder. Die Augen zu dünnen Sehschlitzen zusammengekniffen, starrte er auf die vor ihm liegende Piste. Ich machte ihm deutlich, dass ich weiterfahren wolle. Ohne zu zögern, hielt er an und ließ mich ans Steuer. Seine gleichmäßigen Atemzüge verrieten mir bald, dass er tief und fest schlief.

Die Nacht hatte längst ihren kalten Schatten über die Landschaft gebreitet, aber wir waren noch immer unterwegs. Knapp vor Mitternacht tauchten Lichter in der Ferne auf, dann kamen vereinzelte Gehöfte, eine Brücke, und wir waren in Erji Naqi.

Seen ohne Wasser

Was die Dunkelheit der Nacht uns bei der Ankunft gnädig erspart hatte, enthüllte nun das Tageslicht: die staubigen Baracken der chinesischen Garnisonsstadt Erji Naqi. »Pass auf, ich glaube, die Chinesen haben dort eine Wasserstoffbombe getestet«, hatte mich Jürgen in Beijing gewarnt. Seit wir in Bayan Nor das militärische Sperrgebiet betreten hatten, führte ich in regelmäßigen Abständen Radioaktivitätsmessungen durch. Aber bisher konnte ich keine wesentlich erhöhte Strahlung feststellen.

Das Gästehaus hatte noch nicht viele Langnasen gesehen. Deshalb wurden wir erst einmal ausgiebig bestaunt. Dann folgte die Begrüßung nach mongolischer Art. Die Prozedur, jedenfalls die lokale Variante von Erji Naqi, war nur schwer zu ertragen, wenn man nicht gerade Alkoholiker war. Sie bestand aus drei verschiedenen Teilen. Der Gast hatte die einfachste Rolle zu übernehmen. Er brauchte nur den »Kamelschnaps« hinunterzukippen, den die Mongolin jedes Mal randvoll füllte. Dazwischen intonierte das Begrüßungskomitee mal solo, mal im Duett seine Ständchen. Jedenfalls benötigte ich nach diesem fulminanten Willkommensgruß erst einmal eine Pause.

Noch im Laufe des Vormittags machten mir Vertreter der lokalen Behörden ihre Aufwartung. Die obligate mongolische Begrüßung konnte ich durch Verweis auf meinen angegriffenen Gesundheitszustand abbiegen. Nach einer zweiten derartigen Sauferei wäre der Tag sicher gelaufen gewesen. Aber ich brauchte einen klaren Kopf, denn nun galt es, das Programm für die nächsten Tage auszuhandeln. Was ich denn sehen wollte, fragten mich die beiden Mongolen. »Khara Khoto, den Gashun Nor, Klöster ... alles von Interesse«, antwortete ich darauf.

Wie lange ich denn hier bleiben werde, wollten sie wissen. »Bis ich alles gesehen habe, das mich interessiert.« Daraufhin berieten sie sich in mongolischer Sprache, und nach einer Pause verkündete der Wortführer, dass es keine Sehenswürdigkeiten mehr in dieser Gegend gebe. Auch wäre am Gashun nichts zu sehen – ob ich denn trotzdem hin wollte? Ich nickte.

»Was ist mit Khara Khoto?« Die Frage brannte mir förmlich auf den Lippen.

»Wir werden dich hinführen, aber gib uns noch etwas Zeit, um geeignete Fahrzeuge zu organisieren.« Meine Freude kannte keine Grenzen. Dankbar drückte ich Orla die Hand. Er hatte alles hervorragend vorbereitet. Auch Puwei und Peter strahlten, weil ich sie längst mit meinem Khara-Khoto-Fieber angesteckt hatte.

Die Zeit bis zum Aufbruch nach Khara Khoto wollte ich nicht ungenützt verstreichen lassen und beschloss, sofort die Exkursion zum Gashun Nor zu unternehmen. Eine Stunde später saß ich bereits mit Puwei in der geländegängigen »grünen Ameise« und verließ die Oase in Richtung Norden. Zunächst bewegten wir uns noch im Schutz von Pappelwäldern, die sich allmählich lichteten und bald nur noch vereinzelt zwischen den Tamariskenhügeln herausragten. Dort, wo die Wüste den Pappelbewuchs endgültig aus der Landschaft verbannte, stand ein Baumriese mit dichtem, saftiggrünem Blätterdach. Er galt als heilig, und von seiner Spitze führten bunte Gebetsfahnen zum Boden.

Wo die Toghraks, die wilden Pappeln, starben, lebten die Tamarisken. Der Wind hatte die Gewächse in Sandhaufen gelegt, die wie riesige Maulwurfshügel aussahen. Kaum merklich fiel das Gelände nach Norden hin ab, und vor unseren Augen breitete sich eine riesige, leicht gewölbte Ebene aus. Als dunkelblauer gezackter Kamm zeichnete sich in der Ferne ein Gebirge ab, das bereits jenseits der Grenze, in der Mongolischen Republik, lag. Wir kamen an einem künstlich aufgeschichteten Erdhügel vorbei, hinter dem sich die Ruinen einer Kaserne verbargen. Wenige Kilometer weiter nördlich hielt der Fahrer an einer unscheinbaren Geländestufe. Das wäre das Ufer des Gashun Nor, erklärte er mir und malte eine Skizze in den Sand, auf der er unsere Position und die Umrisse der beiden Seen eintrug. Ich konnte es kaum fassen, dass von diesem großen See und seinem Nachbarn, dem Sogo Nor, nichts mehr übrig war als diese riesige ausgetrocknete Fläche. Sorgfältig suchte ich mit dem Fernglas die gesamte Umgebung bis zum Horizont ab, aber ich konnte nicht einmal mehr Spuren von früheren Seen entdecken. Keine einzige noch so kleine Wasserfläche glitzerte in der Ferne, keine Salzsümpfe zeigten an, dass es hier einmal Wasser gab, ja nicht einmal Schilfgürtel wie am Lop Nor waren übrig geblieben. Ungläubig bestimmte ich die Position mit dem Satellitengerät und verglich sie mit der Karte. Tatsächlich, ich stand genau dort, wo auf der Karte sich die riesige Wasserfläche des Gashun Nor ausbreitete.

Im Jahr 1927 erreichte Hedins Karawane den Edsin Gol. Er ließ sich ein Boot bauen und fuhr damit bis in den Sogo Nor. Als eine »türkisblaue Schale in der gelbgrauen Wüste« beschrieb der Schwede den ersten Anblick des Sees. Bei der anschließenden Überquerung geriet er fast in Seenot, weil ein plötzlich aufkommender Wind die Oberfläche aufwühlte. Zwei Jahrzehnte vor Hedin hatte bereits der Russe Koslow von der wundervollen Stimmung und der reichen Tierwelt am Sogo Nor geschwärmt. Der zu Hedins Zeiten ca. 2–3 Meter tiefe See mit einem Umfang von rund 50 Kilometern fror im Winter – ebenso wie der benachbarte, noch viel größere Gashun Nor – gänzlich zu. Als im Januar 1929 zwei Mitglieder von Hedins sino-schwedischer Expedition den Gashun Nor besuchten, stellten sie fest, dass die Eisdecke 60 Zentimeter dick war.

Seit dieser Zeit musste man dem Edsin Gol auf seinem Weg durch den Gansu-Korridor nach Norden so viel Wasser abgezogen haben, dass die beiden Seen rapide austrockneten. Auf allen einschlägigen Karten, die ich kannte, waren die beiden Seen noch als solche eingezeichnet. Auch das Wort »Gol«, der mongolische Begriff für See, war weiterhin Bestandteil der Namen. Gewiss, die »Seen« waren noch da, nur ohne Wasser.

KAPITEL 3

Die Stadt in der Wüste

>»Es war ein ungewöhnlicher Anblick, vielleicht das Eindrucksvollste, das ich je in der Wüste sah, diese tote Stadt mit ihren mächtigen weitgehend noch gut erhaltenen Mauern und Türmen, die sich aus dem Sand erhoben.«
> SIR AUREL STEIN

Es war ein prickelndes Gefühl, der Erfüllung eines Traumes nahe zu sein, als wir am nächsten Morgen in aller Frühe von Erji Naqi aufbrachen. Nicht weit entfernt, draußen im Sand der Wüste, lag jener Ort, wo sich Fantasie und Wirklichkeit treffen würden. Schon längst hatte mein Bewusstsein ein eigenes Khara Khoto entstehen lassen, eines, das von Bildern und Visionen lebte. Noch nie war ich auf eine Begegnung so gespannt wie auf diese vom Sand begrabene Stadt.

Wir verließen die Garnisonsstadt an der Einfallstraße, auf der wir gekommen waren. Aber schon bald bogen wir in eine schmale Sandpiste ab, die zunächst durch einen Pappelwald in Richtung Süden führte. Später blieb auch diese zurück, und wir folgten nur noch schwach erkennbaren Spuren.

Mit jedem Kilometer, den wir zurücklegten, wurde der Baumbewuchs spärlicher, und bevor er gänzlich aufhörte, trafen wir auf eine mongolische Familie, die hier am Rande der Wüste lebte. Hätte ich nicht die im Wind rotierende Gebetsmühle gesehen, wären wir wahrscheinlich vorbeigefahren. So aber hieß ich den Fahrer anhalten, in der Hoffnung, etwas über die gegenwärtigen Lebensverhältnisse der Mongolen am Unterlauf des Edsin Gol zu erfahren. Schon aus der Ferne war zu erkennen, dass die Familie ihr freies Nomadenleben gegen den Komfort der Sesshaften eingetauscht hatte. Das Anwesen bestand aus einem Lehmhaus mit flachem Dach und einer traditionellen Jurte, die etwas abseits unter Schatten spendenden Pappeln stand. Bei aller Empfänglichkeit für die Annehmlichkeiten des modernen Lebens hingen sie immer noch an bestimmten Traditionen. Wie selbstverständlich wurden wir in das Filzzelt gebeten und nicht in das Haus. Noch immer war die reich mit Teppichen und Filzdecken ausgestattete Jurte der Platz, wo man Gäste empfing, Feste feierte oder zu den Göttern betete.

Ähnlich dem tibetischen Nomadenzelt befand sich auch in der Jurte der Altar auf der Rückseite, und ebenso lagen die Sitzplätze der Gäste rechts vom Eingang. Während die Frau des Hauses auf dem Herd, der den Mittelpunkt bildete, den Tee zubereitete, begann der Mann zu erzählen.

Früher, so sagte er, habe es am Edsin Gol noch gutes Weideland gegeben. Aber die Wiesen seien längst vertrocknet, und deshalb gebe es nur noch wenige Mongolen, die hier lebten.

»Seht euch einmal hier in der Gegend um«, forderte er uns auf, »überall sterben die Pflanzen, weil es kein Wasser gibt.«

»Ist das nicht schon immer so gewesen?«

»Nein, früher brachte der Edsin Gol genügend Wasser, und wir mussten nicht so tiefe Brunnen graben wie heute.«

»Wie tief ist dein Brunnen?«, wollte ich wissen.

»Neun Meter.«

»Aber das ist doch nicht tief im Vergleich zum 250 Meter tiefen Brunnen, den der ›Schwarze General‹ in Khara Khoto graben ließ.«

Meine Anspielung auf die allgemein verbreitete Legende vom Untergang Khara Khotos löste Erheiterung aus.

»Ja, ja, du hast recht, aber das war noch, bevor wir Mongolen hier lebten.«

Nach einer Weile fährt er fort: »Der ›Schwarze General‹ war selbst schuld am großen Unglück, das über Khara Khoto gekommen ist. Er forderte die Chinesen heraus, weil er seine Armee für unbesiegbar und die Mauern von Khara Khoto für uneinnehmbar hielt. Aber er verlor die entscheidende Schlacht und musste – vom chinesischen Heer verfolgt – in den Mauern von Khara Khoto Schutz suchen. Als der chinesische Heerführer erkannte, dass die Stadt nicht zu erobern war, befahl er seinen Soldaten, den Fluss zu stauen, sodass die Verteidiger vom Wasser abgeschnitten waren. Noch heute kannst du den Damm sehen, den die Belagerer damals bauten.

Der Durst, den die Menschen litten, war entsetzlich. Deshalb ließ der ›Schwarze General‹ einen unvorstellbar tiefen Brunnen graben. Als auch das erfolglos blieb, wurden in der Not alle Tiere geschlachtet, und man trank ihr Blut. Schließlich wurde die Situation in der Stadt so aussichtslos, dass der ›Schwarze General‹ seine gesamten Schätze aus Gold und andere Kostbarkeiten im Brunnen versenkte. Danach tötete er eigenhändig seine Familie, damit sie nicht in Feindeshand fiel, und trat zur letzten Schlacht an. Sein Heer, das bis dahin als unbesiegbar galt, wurde völlig vernichtet. Auch der ›Schwarze General‹ selbst fand in der Schlacht den Tod. Nach der Niederlage der Verteidiger wurde Khara Khoto von den Siegern geplündert und zerstört. Die Schätze jedoch hat niemand gefunden. Sie werden bis heute von einem mächtigen Zauber geschützt, und jeder, der es wagt, in den Brunnen hinabzusteigen, kommt dort elendiglich um.«

»Wir Mongolen meiden diesen Ort«, ließ er mich zum Abschied wissen und fügte warnend hinzu: »Ich weiß, dass du unbedingt nach Khara Khoto willst, aber gib Acht, es gibt dort viele böse Geister.«

Ganz ähnliche Geschichten wurden in den Oasen am Rande der Takla Makan erzählt. Auch dort ging es um verborgene Schätze, die sich in den Ruinen der Wüste stapelten, und auch da verhieß die Botschaft Tod und Verderben demjenigen, der sich ihrer zu bemächtigen suchte.

Uns plagten zunächst weniger die Ängste vor Geistern der toten Stadt als vielmehr ganz profane Dinge. Bald nachdem wir den Pappelwald hinter uns gelassen hatten, kamen wir in einen dichten Schilfgürtel. Plötzlich waren auch die schwachen Spuren verschwunden, denen wir bisher folgten, und unsere »grüne Ameise« wühlte sich wie ein Maulwurf durch das Pflanzendickicht. Tief gruben sich die Räder im weichen Sand ein, aus allen Ritzen drang mehlfeiner Staub ins Innere, und obwohl es draußen taghell war, wurde es im Inneren des Fahrzeuges dunkel. Wie flackernde Irrlichter leuchteten sämtliche Warnlampen am Armaturenbrett auf. Der Fahrer fuhr unbeirrt weiter. Dann brach die Vegetation jäh ab. Wir standen am Ufer des Edsin Gol. Über eine steile Uferböschung rollten wir hinunter ins flache, sandige Flussbett.

Der Anblick des breiten Trockenbettes erinnerte mich stark an den Khotan-darja, den zeitweise Wasser führenden Fluss der Takla-Makan-Wüste. Auch hier sah es so aus, als wäre es noch nicht lange her, dass Wasser floss. Überall lag gestrandetes Treibholz umher, und in Ufernähe gab es tiefe Löcher und Mulden, die anzeigten, dass das Wasser hier einstmals Wirbel bildete und den Boden tiefer ausbaggerte. Genauso wie am Khotan-darja waren die Ufer um diese Jahreszeit von herbstlich gefärbten Pappelwäldern eingesäumt. Irgendwo im Schatten des Galeriewaldes musste die Forschungsstation von Hedins sino-schwedischer Expedition gestanden haben, und nicht weit entfernt flussaufwärts hatte sich jenes erschütternde Wüstendrama von Mord und Selbstmord ereignet, das zwei Teilnehmer das Leben kostete.

Während ich das Flussbett erkundete, in der vergeblichen Hoffnung, irgendwo Wasser zu finden, und unsere Position bestimmte, konnte der überhitzte Motor unseres Fahrzeuges etwas auskühlen. Ein unangenehmer Wind setzte ein, meterhohe Staubfontänen wirbelten über die Oberfläche, und der Himmel bekam eine fahle Farbe.

Obwohl der Fahrer die örtlichen Gegebenheiten gut kannte, waren mehrere Versuche notwendig, um die steile, versandete Uferböschung zu überwinden. Das Gelände wurde nun zunehmend schwieriger. Schon nach wenigen Kilometern standen wir neuerlich vor einem wasserlosen Flussbett. Es gehörte zum riesigen Delta, das der Edsin Gol geschaffen hatte, bevor er seinen Terminal, die beiden Seen Gashun und Sogo Nor, erreichte. Im Gegensatz zum Flussbett, das wir zuvor durchquerten, war dieses bereits vor so langer Zeit ausgetrocknet, dass es von den Kräften der Erosion völlig zerfressen war. Der Wind hatte zwischen den Tamarisken, die mit ihren starken Wurzeln noch das Erdreich hielten, Gassen und Furchen herausgefräst. Übrig blieb ein chaotisches Gewirr kegelförmiger Hügel, das an ein vorzeitliches Gräberfeld erinnerte. Vom Leben kündete nur noch ein einzelnes Kamel, das auf der Suche nach Nahrung im abgestorbenen Gehölz umherstreifte. Indessen hatte sich der Wind zum Sturm gesteigert und trieb den Sand wie Nebelschwaden über die Oberfläche. Die Landschaft vor uns war längst im konturlosen Grau verschwunden und damit auch die Spuren, die uns durch das Labyrinth der Tamariskenkegel führen sollten. Nur schemenhaft tauchten von Zeit zu Zeit einzelne Geländeformen auf. Der Fahrer beugte sich weit über das Lenkrad und suchte angestrengt mit den Augen das vor ihm liegende Terrain ab.

Was war das? Mir schien, als hätte ich die Konturen eines Turmes gesehen, nur für Augenblicke tauchte er auf, wie das Flackern eines Leuchtturmes, wenn man sich dem Hafen näherte.

»Da vorne, seht doch, dort steht er«, rief ich den anderen im Fahrzeug zu. Immer klarer waren die Umrisse eines spitzen Bauwerkes zu erkennen. Dahinter trat noch ein zweites hervor. Der Fahrer hielt auf die Türme zu. Noch eine letzte Steigung, dann hatten wir das ausgetrocknete Flussbett hinter uns gelassen, und wir standen am Rande einer riesigen Kiesebene, aus der sich schlanke, nach oben zu verjüngende Türme wie Riesenfinger erhoben. Als wir ausstiegen, um sie näher zu betrachten, traf uns der Sturm mit voller Wucht. Die Ebene war wie leer gefegt. Es gab weder Baum noch Strauch, nur noch schwere Kiesel lagen da, die der Wind nicht aufzuwirbeln vermochte. In der Ferne zeigten sich weitere Türme.

Sie alle waren Wegweiser für den Geist, die den Gläubigen an das erleuchtete Buddha-Bewusstsein erinnerten und hier wohl auch in ganz profanem Sinne dem in der Wüste Verirrten den Weg ins Leben wiesen – das hieß: nach Khara Khoto. Die Tschorten oder Suburgane, wie sie die Mongolen nennen, säumten einstmals jene Einfallstraße, die von Nordosten her in die Schwarze Stadt führte. Neben den beiden hochstrebenden und noch erstaunlich gut erhaltenen Stufenpyramiden fanden sich die Reste eines alten Wachturms, der jedoch bis auf die Grundmauern zerstört war.

Die beiden nächsten Tschorten erhoben sich zwei Kilometer entfernt mutterseelenallein auf der weiten Ebene. Auch sie standen noch unerschütterlich da, seit einem Jahrtausend, während der vorherrschende Nordwestwind die Umgebung zu einer glatten Fläche nivelliert hatte. Der Sturm hatte an Stärke weiter zugenommen und warf uns auf der ungeschützten Fläche fast um. Steine flogen durch die Luft. Da blieb nur die Flucht.

Von Süden her schoben sich nun hohe Sanddünen heran, die uns den Weiterweg versperrten. An ihren Ausläufern lagen die Reste einer alten Festung. Sie zeigte an, dass der alte Karawanenweg genau dort verlief, wo sich heute der gezackte Kamm der Sicheldünen aufbaut. Wir fuhren in großem Respektabstand an der Dünenfront entlang. Plötzlich hielt der Fahrer an und deutete aufgeregt nach Süden. Wie die Segel eines Bootes waren dort zwei blendend weiße

Tschorten aufgetaucht. Das war das Erste, was wir von Khara Khoto sahen. Obwohl von der ganzen Stadt nur die zwei filigranen Spitzen aus der Sandoberfläche ragten, hatte die Erscheinung etwas Unwirkliches an sich. Vielleicht auch deshalb, weil ich es mir ganz anders vorgestellt hatte. Ich erwartete vom Sand bedeckte, verfallene Ruinen, stattdessen aber sah ich weithin leuchtende Türme aus dem gelben Sand wachsen, wie frisch getüncht und so unberührt, als stünden sie außerhalb der Gesetze irdischer Vergänglichkeit. Selbst der unfruchtbare Sand, der die weißen Leuchttürme der buddhistischen Lehre einschloss, erschien nicht mehr als Bedrohung, sondern eher als Schutz, der die Mauern in weichen Wellen umspülte.

Der Sandwall verhinderte, dass wir uns der Stadt direkt näherten, und zwang uns zu einem Umweg nach Westen. Die weißen Türme verschwanden wieder hinter den wogenden Dünenkämmen, und schon bald gelangten wir an den Rand der schwarzen Mesa. Unvermittelt brach die Kiesfläche in ein tief eingekerbtes Flussbett ab. Nach meinen Berechnungen musste es einer der beiden antiken Wasserläufe sein, die Khara Khoto wie Arme umfingen. Die Erosion hatte hier ganze Arbeit geleistet. Der einstmals flache Grund war in ein undurchschaubares Gewirr von Tamariskenkegeln aufgelöst, zwischen denen wir im Zickzackkurs hindurchmanövrierten. Das ausgetrocknete Flusstal zog sich in Richtung Südwesten. Wir aber wandten uns scharf nach Osten, fuhren die steile Uferböschung hoch, und als wir die Abbruchkante erreichten, lag Khara Khoto vor uns. Ich ließ sofort anhalten. Wir standen neuerlich am Rande einer Ebene aus schwarzem Kies, aus der sich, etwa einen halben Kilometer entfernt, die gewaltigen Mauern und Bastionen der alten Stadt erhoben. Anhand des alten Planes, den Koslow nach seiner Entdeckung im Jahre 1906 anfertigte, versuchte ich mich zu orientieren. Von unserem Standpunkt aus konnten wir zwei Fluchten der Stadtmauer einsehen: die westliche und südliche Umwallung. Genau an der Südwestecke, außerhalb der schützenden Mauern, stand ein einzelnes Gebäude. Das seltsame kuppelförmige Bauwerk wirkte wie ein Fremdkörper und war zweifellos erst in späterer Zeit hinzugefügt worden. Die ausgedehnten Flugsandfelder, die wir vorher sahen, lagen nun im Nordwesten. In einzelnen Wellen wälzten sie ihre Sandmassen gegen die Stadt. Auch an diesem Tag war die Luft mit Sand geschwängert, und es herrschte eine gespenstische Stimmung. Von Zeit zu Zeit verschwand Khara Khoto wie von Geisterhand hinter Sandwolken, die der Nordwestwind in Stafetten herantrieb. Der Sandsturm tobte mit unverminderter Härte. Es war aussichtslos, sich gegen den feinen Staub zu schützen. Er drang überall ein: in die Kleidung, in die Kamera, in Mund, Nase und Ohren. Am schlimmsten waren die Sandkörner in den Augen, denn sie schmerzten wie Nadelstiche und raubten einem die Sehkraft. Halb blind taumelten wir dem Kuppelbau entgegen, dem einzigen Platz weit und breit, der Schutz versprach.

Als ich, vermummt wie ein Beduine, die »Moschee« wieder verlasse, um die Stadt zu betreten, trifft mich eine Sturmböe mit solcher Wucht, dass sie mir das dicke Schriftbündel aus der Hand reißt. Wie buntes Konfetti fliegen die Gedanken von Koslow, Stein und Hedin in losen Blättern über Khara Khoto hinweg und verschwinden auf immer in der Wüste. Ich blicke ihnen noch eine Weile gebannt nach, aber ich brauche sie nicht mehr, denn sie haben ihre Funktion erfüllt und mich nach Khara Khoto geführt.

In den Ruinen von Khara Khoto

An zwei Stellen hatte der wandernde Sand die Mauern überspült. So entstanden bis zur vollen Höhe der Stadtmauer Rampen, über die man bequem in das Innere gelangen konnte. Den Versuch, auf der alten Mauer entlangzuwandern, gab ich schnell wieder auf. Die

Sandkörner, die der Sturm mir entgegenschleuderte, prasselten wie schwere Regentropfen gegen die Kleidung, und ich war außerstande, auch nur für Sekunden die Augen zu öffnen. Schnell rutschte ich im weichen Sand der Leeseite in die Stadt hinunter. Der Sandsturm war immer noch heftig, aber die Mauern hatten ihm wenigstens so viel von seiner Kraft genommen, dass man ihn ertragen konnte. Die heute noch teilweise erhaltenen Gebäudereste, die der rechteckige, 380 mal 450 Meter große Befestigungswall einschloss, konzentrierten sich auf drei Stellen. In der nordwestlichen Ecke standen zwei große und zwei kleine Tschorten. Drei davon wurden in jüngster Zeit nach dem Vorbild des einen noch erhaltenen Originals rekonstruiert und weiß getüncht. Zu Füßen der buddhistischen Reliquienschreine, die auf der massigen Stadtmauer thronten, vermutete Koslow den befestigten Palast des Herrschers von Khara Khoto. Denn ganz in der Nähe klaffte auch jenes tunnelartige Loch in der Mauer, das der mongolischen Legende nach der ›Schwarze General‹ in die Mauer reißen ließ, um sich mit seinen Soldaten in einer letzten verzweifelten Attacke den Belagerern entgegenzuwerfen. Alle Gebäude in dieser Ecke der Stadt waren bis auf die Fundamente zerstört, und selbst diese waren teilweise vom Sand einer mächtigen Düne, die in der Nähe über die Mauer kroch, zugedeckt.

Auf die eindrucksvollsten Überreste des alten Khara Khoto stieß ich etwas östlich. Dort ließen die Mauern eines Tempelkomplexes noch etwas vom alten Glanz spüren. In einer Nische fanden sich ganze Haufen von wunderschönen Votivtschorten aus Ton, ähnlich den Tsatsas, wie ich sie von Tibet her kannte. Das buddhistische Heiligtum bestand aus einem Vorraum, von dessen monumentaler Figur nur noch der Sockel zu sehen war. An die Kapelle schloss sich der Hauptraum an, der noch zusätzliche Seitenräume aufwies. Auch die Treppe, die zum Eingang des Tempels hinaufleitete, hatte bisher dem Verfall getrotzt. Am Fuße der Treppen setzte ein kaum noch erkennbarer Weg an, der direkt zum Osttor Khara Khotos führte. Von der Höhe des Bauwerkes konnte ich mir endlich jene Übersicht verschaffen, die mir der tobende Sandsturm auf der Stadtmauer verwehrte. Gewiss, im Vergleich zum gewaltigen Eindruck, den die Mauern von Khara Khoto aus der Entfernung machten, wirkten die Relikte im Inneren bescheiden. Aber nun war mir, als blickte ich auf die letzten Tage der Menschheit. Wenn ich die toten Mauern der Häuser und Tempel sah, die von unzähligen Tonscherben übersäten Flächen, dazwischen die vom Windschliff zernagten Holzpfähle, die hier und da aus dem Sand ragten, die absolute Trockenheit einer Umgebung bar allen Lebens – dann dachte ich unwillkürlich an mörderische Kriege, Vernichtung und apokalyptische Umweltzerstörung.

Koslows Schätze an Figuren und alten Schriften, die er von hier nach St. Petersburg verschleppte, hatten mehr Fragen aufgeworfen, als sie beantworteten. Lediglich über die Zeit vom 10. bis zum 13. Jahrhundert, als Khara Khoto Teil des Tanguten-Reiches Xixia war, gab es genauere Kenntnisse. Die Anfänge der Stadt, ihre Rolle in der Entwicklung der Nordostroute der Seidenstraßen, blieben genauso im Dunkeln wie ihr Untergang. Das konnten auch die Besuche der nachfolgenden Archäologen Aurel Stein (1914) und Folke Bergman (1931), Mitglied von Hedins sino-schwedischer Expedition, nicht erhellen. Die Chance, aus den reichen Funden, die Koslow im Tschorten vor der Stadtmauer machte, mehr zu erfahren, hatte der Russe durch die wenig fachkundige Art, mit der er zu Werke ging, vertan. Die großen Figuren, die seine Karawane nicht mehr aufnehmen konnte und die er irgendwo in den Ruinen versteckte, gelten bis heute als verschollen. Die »kaiserlichen« Schriften in chinesischer und tangutischer Sprache, die Koslow in seinem berühmt gewordenen »Suburgan« fand, ließen vermuten, dass dort eine hochgestellte Persönlichkeit des tangutischen Herrscherhauses bestattet war. Wer genau, war nach wie vor ein Rätsel, denn auch der Schädel, den der Russe mitnahm, verschwand spurlos. Die »chaotische Unordnung«, wie Koslow immer wieder betonte, in der die Reliquien innerhalb des Tschorten lagen, deutete darauf hin, dass dieser erst unmittelbar vor der Eroberung der Stadt durch Dschingis Khan (1226/27) als geheimes Versteck versiegelt wurde.

Mit der Einnahme der Stadt durch die Mongolen und die darauffolgende Vernichtung des Tanguten-Reiches ging jene blühende, vom Buddhismus geprägte Kulturperiode zu Ende, von der die Figuren und Malereien, die Koslow aus den Tschorten geborgen hatte, ein beredtes Zeugnis ablegen. Entsprechend der geografischen Situation von Xixia, als Pufferstaat zwischen China und Tibet, zeigten die Bilder und Figuren aus Khara Khoto sowohl chinesische wie auch tibetische Stilelemente. Hinzu kamen noch Einflüsse aus dem Schmelztiegel der Seidenstraßenkultur Zentralasiens, wo der Buddhismus bereits tausend Jahre vor der Reichsgründung von Xixia durch die Tanguten existierte. Die vom Tantrismus geprägte tibetische Form des Buddhismus dürften die Tanguten aus ihrer osttibetischen Heimat, wo sie Minyag hießen, mitgebracht haben, während sie die chinesische Variante erst nach der Reichsgründung übernahmen. Auch in Khara Khoto selbst dürfte die Lehre Buddhas bereits vor der Ankunft der Tanguten verbreitet gewesen sein. Im 7. und 8. Jahrhundert gab es einen regen Handels- und Kulturaustausch mit dem Tarim-Becken. Damals fungierte das zukünftige Khara Khoto bereits als wichtige Wach- und Versorgungsstation auf dem exponierten Nordostzweig der Seidenstraßen. Ab der Mitte des 8. Jahrhunderts beherrschten die Tibeter das Becken des Edsin Gol, ihnen folgten die Uiguren. Erst um 1035 eroberten die Tanguten den Ort und bauten ihn zur ummauerten Stadt Edzina aus. Das ist auch der Name, den Marco Polo benutzte. Die Bedeutung, die der venezianische Reisende durch seinen Bericht der Stadt verlieh, beweist, dass zu diesem Zeitpunkt Khara Khoto noch lebte. Die Eroberung durch Dschingis Khan ein halbes Jahrhundert vor Marco Polo bedeutete also nicht das Ende für die Stadt. Was war dann der Grund für den Untergang von Khara Khoto?

Die Gemälde und Texte aus Khara Khoto bewiesen, dass die Stadt bis in die zweite Hälfte des 14. Jahrhunderts bewohnt war. Die letzte bekannte Erwähnung fand sich in den Annalen der chinesischen Ming-Dynastie. Darin war von einem chinesischen Kommandanten Fengsheng die Rede, der mit seinen Truppen die Stadt Edzina eroberte und dabei über zehntausend Rinder und Pferde erbeutete. Darüber hinaus verriet die Quelle, dass dem mongolischen Herrscher der Stadt die Flucht gelang, während seine Minister von den Chinesen gefangen genommen wurden. Aus dem historischen Ereignis der Einnahme von Khara Khoto durch die Ming-Armee war der Stoff, aus dem später die populäre Geschichte vom »Schwarzen General« entstand. Fantasie und Wirklichkeit klafften weit auseinander. So wurde die Flucht des Herrschers zum heldenhaften Kampf hochstilisiert und die Niederlage dadurch relativiert, dass es ihm gelang, seine Schätze vor den Feinden zu verbergen.

Der knapp gehaltene chinesische Text lieferte keinerlei Anhaltspunkte, dass die gewaltsame Einnahme von Khara Khoto gleichzeitig den Untergang der Stadt zur Folge hatte. Die Aufgabe der Stadt dürfte erst später erfolgt sein und nicht aufgrund kriegerischer Ereignisse. Die wirkliche Ursache lag wahrscheinlich ganz woanders. Die Legende ließ es anklingen. Sie erwähnte ausdrücklich, dass die Stadt erst zu erobern war, als man den Fluss durch einen Damm staute und sie damit vom Wasser abschnitt. Die mächtigen Mauern von Khara Khoto präsentierten sich auch heute noch in erstaunlich gutem Erhaltungszustand. Keine Waffengewalt hatte sie je zerstört, ja nicht einmal die Kräfte der Verwitterung konnten sie verwüsten. Die einzige verwundbare Stelle war das Wasser. Khara Khoto lag im Delta des Edsin Gol, genauer gesagt an zwei Flussarmen, die die antike Stadt umfingen und sich etwas weiter westlich vereinigten. Es ist eine Tatsache, dass sich in der Vergangenheit die wasserführenden Flüsse innerhalb des Deltas immer wieder veränderten. Ein ganz ähnliches Phänomen konnte ich im Bereich des toten Deltas des Keriya-darja inmitten der Takla Makan beobachten. Auch dort hatte sich der Fluss immer neue Wege gesucht, um die Wüste durchzubrechen, und dadurch ein breites Delta geschaffen. Hinzu kam noch, dass im Laufe der Zeit – ob durch klimatische Veränderungen oder Neugründungen bzw. Vergrößerungen von Oasen und Siedlungen, sei dahingestellt – der Fluss zunehmend weniger Wasser in die Wüste führte, sodass die exponierte Siedlung Kara-dong aus Wassermangel von den Menschen aufgegeben werden musste. Auch im Delta des Edsin Gol hat sich der Wasser führende Fluss nach Osten verlagert, und auch dort nahm die Wassermenge stetig ab – in früheren Zeiten nicht so schnell und dynamisch, wie es in jüngster Zeit geschah, wie die völlige Austrocknung der Seen Gashun und Sogo Nor zeigt. Nach all dem, was ich in der benachbarten Takla-Makan-Wüste gesehen habe, bin ich überzeugt, dass Khara Khoto an Wassermangel starb. Sicherlich konnten kriegerische Ereignisse einen Einfluss ausüben, weil es für die Menschen dann schwierig war, die sensiblen Bewässerungsanlagen instand zu halten, von denen wiederum die Gärten und Felder abhingen. Auch das Erlöschen alter Handels- und Karawanenwege, die an Khara Khoto vorbeiführten, mochte bedingt eine Rolle gespielt haben. Trotzdem glaube ich, dass weder politische noch wirtschaftliche Schwierigkeiten die Bewohner von Khara Khoto veranlasst hatten, den Schutz der gewaltigen Mauern zu verlassen, sondern der Durst, das Versiegen der Lebensgrundlage Wasser.

Als letzte Station auf meinem Rundgang durch die Ruinen kam ich in den südöstlichen Teil der Stadt. Hier schien einstmals ein ganzes monastisches Viertel bestanden zu haben. Einzelne Räume des verschachtelten Tempelkomplexes und Durchgänge waren noch erhalten. Knochen eines verendeten Kamels und massenhaft Tonfragmente lagen zwischen zerbrochenen Dachziegeln umher.

In der Zwischenzeit war es Nachmittag geworden, und der Sturm hatte sich etwas gelegt. Gemeinsam mit Peter und einem lokalen Mongolen stieg ich über den angewehten Sand auf die Ostmauer hinauf. Dort klaffte eine künstlich geschlagene Bresche, durch die der Flugsand, der von Westen her in die Stadt eindrang, wieder hinausgeweht wurde. Von der Höhe der Festungsmauer eröffnete sich ein herrlicher Rundblick nach Osten und Süden. Deutlich war in der Ferne das antike Flussbett zu erkennen, das sich in südöstlicher Richtung fortsetzte, während sich direkt an die Stadtmauer eine vegetationslose schwarze Kiesfläche anschloss.

»Hast du genug von alten Ruinen«, fragte mich der Mongole, »oder möchtest du noch mehr sehen?«

»Ich denke, wir haben hier alles gesehen«, antwortete ich und versuchte, die aufkommende Neugier zu verbergen.

»Es gibt noch eine andere alte Stadt«, dabei deutete er in Richtung Südosten, »sie liegt nicht weit entfernt von hier.«

»Wie heißt sie?«

»Boro Khoto!«

Boro Khoto? Den Namen hatte ich schon gelesen. Es musste in Koslows Bericht gewesen sein. Als er mit seiner Karawane von Khara Khoto in Richtung Alashan zog, kam er an einer alten Siedlung vorbei. »Wenig anziehend«, schrieb der Russe darüber. War dies Boro Khoto gewesen?

»Ich kenne den Ort«, pokerte ich. »Es gibt dort nichts zu sehen.«

»Du irrst«, gab er zurück. »Diese Stadt ist älter als Khara Khoto.

Auch gibt es dort viele Gräber, die noch ungeöffnet sind.«

»Ich glaube das nicht«, provozierte ich weiter.

»Wenn du willst, führe ich dich hin, dann kannst du mit eigenen Augen sehen, dass alles stimmt, was ich dir sagte.«

Und ob ich das wollte. Vom Hinweis auf das größere Alter der Ruinenstadt hielt ich nicht viel, aber Gräber? Das klang interessant.

Die »Grüne Stadt« im Sand

Am nächsten Morgen waren wir bereits früh unterwegs. Vergessen war der Sandsturm von gestern, und über die Mauern von Khara Khoto wölbte sich ein tiefblauer Himmel. Die Sonne goss ihr Licht verschwenderisch über die Landschaft und heizte die Oberfläche des Sandes auf. Wir folgten dem Trockenbett des antiken Flusses in Richtung Nordosten. An manchen Stellen konnten außer den Tamarisken sogar noch Toghraks – wilde Pappeln – überleben. Die anfänglich schwach erkennbaren Spuren verschwanden vollends, und die Unwegsamkeit des Geländes zwang uns schon nach wenigen Kilometern, das Flussbett zu verlassen.

Als Nächstes kamen wir an einem großen abgestorbenen Wald vorbei. Die toten, blätterlosen Pappeln mit ihren seltsam gewundenen Ästen und Stämmen, die der sandbeladene Wind zu abstrakten Gebilden geschliffen hatte, boten ein deprimierendes Bild. Es sah aus wie auf einem Schlachtfeld; die meisten Bäume standen noch in ihrer alten Ordnung, obwohl sie bereits tot waren, andere waren umgefallen und hatten Löcher in die Phalanx gerissen. Dass es in dieser Gegend auch noch Leben gab, davon zeugte das einsame Gehöft einer Mongolenfamilie, an dem wir in einiger Entfernung vorbeifuhren. Bald darauf gelangten wir auf eine weite Hochfläche aus hart gepresstem Lehm, die durch unzählige Rillen und Risse verunstaltet war. Halb verdorrte niedrige Gewächse reckten ihre Äste bisweilen aus der gelbbraunen Oberfläche. Immer häufiger kreuzten wir alte Bewässerungskanäle, schließlich tauchten auch die ersten Ruinen auf. Das Ruinenfeld von Boro Khoto – der Grünen Stadt – erstreckte sich über ein Areal, das um ein Vielfaches größer war als Khara Khoto. Mauern in allen Stadien des Zerfalls, miteinander verbunden durch kilometerlange, immer noch erkennbare künstliche Kanäle, ließen erahnen, dass hier einst Menschen inmitten einer blühenden Oase lebten – und starben.

Begraben wurden sie in einer Nekropole – gleichsam einer Stadt in der Stadt –, die aus einer ebenen Fläche bestand, aus der in regelmäßigen Abständen verwitterte Erdhügel aufragten. Weder Koslow, der den Ort inspizierte, noch der schwedische Archäologe Bergman, der sie sogar fotografierte, hatte in ihnen Gräber vermutet. An mehreren Hügeln waren Spuren von Grabungsversuchen zu erkennen, aber nur an einem hatten die Räuber Erfolg gehabt. Nachdem sie den Erdhügel vollkommen abgetragen hatten, legten sie die Decke der Grabkammer frei. Sie bestand aus einem gewölbten Ziegeldach, aus dem ein Loch herausgebrochen war, gerade so groß, dass sich ein Mensch hindurchzwängen konnte. Jedoch war die Öffnung so mit Sand verstopft, dass ich mich flach auf den Rücken legen musste, um dann mit den Beinen voraus meinen Körper hindurchzuwinden. Nach dieser Hürde war der Weg ins Grab offen. Wie auf einer Rutschbahn glitt ich im weichen Sand bis zum Grund der Kammer. Die Augen gewöhnten sich erst langsam an das Halbdunkel des Inneren. Ich befand mich in einer schmalen rechteckigen Vorkammer mit Mauern aus gebrannten roten Ziegeln. Vorsichtig tastete ich das Gemäuer ab, um die Festigkeit zu prüfen. Den draußen Gebliebenen hatte ich eingeschärft, keinesfalls das Dachgewölbe zu betreten. Wenn es einstürzte, dann hatte ich mein eigenes Grab gefunden.

Im Schein der Stirnlampe suchte ich die Kammer ab. Abgesehen vom eingedrungenen Sand und einigen abgebrochenen Ziegelstücken war sie leer. Am Ende des gangähnlichen Raumes gab es einen Durchschlupf, der in eine zweite Kammer führte. Dieser nahezu quadratische Raum war die eigentliche Grabkammer. Die sterblichen Überreste des Toten bestanden aus einigen Knochen, die auf dem mit Asche bedeckten Boden herumlagen. Der Schädel fehlte genauso wie jegliche Grabbeigaben. Das gesamte Grab war auf dem Grundriss eines T gebaut. Wer diese Grabstätten einst errichtet hatte, wer hier bestattet wurde und zu welcher Zeit, blieb völlig ungeklärt. Die Behauptung der Mongolen, die Ruinen von Boro Khoto wären viel älter als jene von Khara Khoto, wird nur durch systematische Grabungen und entsprechende Funde verifiziert werden können. Die Relikte wirkten wohl älter, weil sie stärker verfallen waren. Aber was sagte das schon aus, wenn man bedenkt, dass die Ruinen von Khara Khoto durch die gewaltigen Stadtmauern geschützt wurden, während sie hier der Verwitterung voll ausgesetzt waren?

Nur noch eine einzige Mongolenfamilie lebte in der Nähe der toten Stadt. Der Besuch in ihrem Gehöft blieb mir als merkwürdige Mischung von Tradition und Moderne in Erinnerung. Neben einem modernen Lehmhaus stand ein weißes Filzzelt. Vor der Jurte, in der die ältere Generation der Familie wohnte, parkte ein chromblitzendes Motorrad. Den Strom für zwei Haushalte lieferten ein Windrotor und ein Generator japanischer Herkunft. Tagsüber waren die Männer unterwegs, um nach den 100 Kamelen und über 300 Schafen zu sehen, die in der Umgebung frei herumwanderten. Abends aber versammelten sie sich vor dem Fernsehschirm, um mit Spannung die Neuigkeiten aus der Welt draußen – das waren Hohhot und Beijing – zu erfahren. Mit unverkennbarem Stolz posierten die Besitzer vor dem Zelt für ein Erinnerungsfoto. Auf der rechteckigen Bildfläche aber erschien unser Ziel – die Alashan-Wüste – in Farbe und gespiegelt auf 360 Grad.

KAPITEL 4

Durch das Sandmeer der Gobi

»Dieser Mensch«, sagte er, »wandert jenseits der herkömmlichen Regeln, das ist sein Hochmut. Silber und Gold achtet er gering wie den Stein am Wege, das ist seine Sicherheit. Er spricht lieber mit Pferden und Hunden als mit Menschen, das ist seine Traurigkeit.«

FRITZ MÜHLENWEG

Der Weg von Khara Khoto zum Ausgangspunkt der Wüstendurchquerung folgte zunächst der bereits bekannten Route am Ostrand der Alashan entlang. Das sandige Herz der Gobi verbarg sich hinter ausgeglühten Bergketten. Bisweilen zeigten sich gelbe, gezackte Dünenkämme am Horizont, die wie Irrlichter aufflackerten, um dann wie eine Fata Morgana wieder zu verschwinden. Während das Fahrzeug im monotonen Rhythmus Kilometer um Kilometer abspulte, nahm ich die Landschaften, die draußen in rascher Folge vorbeiglitten, nur noch schemenhaft wahr. Meine Gedanken waren nicht mehr zu zügeln. Sie flogen davon und ließen mich über Dünen wandern, lange bevor ich den Fuß in die Alashan setzte.

Bei Shar Burd bogen wir in eine Piste letzter Ordnung ab, die uns nun direkt in Richtung Westen leitete. Dann war die Alashan plötzlich da. Der wandernde Sand drängte immer näher an die Piste heran, bis er sie schließlich unter sich begrub. Wie eine erstarrte Woge hatte sich eine mächtige Mondsicheldüne quer über die Fahrbahn gelegt. Die chinesischen Chauffeure schimpften beim Anblick der Hindernisse, und ihre Gesichter spiegelten all den Abscheu wider, den sie gegenüber der »Shamo« – der Sandwüste – empfanden.

Aber es half nicht; wir mussten die Hürde nehmen. Tief gruben sich die Fahrzeuge in den weichen Sand ein. Dank den Erfahrungen aus der Ordos-Wüste wurde auch dieses letzte große Hindernis überwunden, und von der Höhe des Dünenkammes glitten wir hinunter in die kleine Mongolensiedlung Monggon Bulag. Am letzten Gebäude hörte die Piste jäh auf. Für die chinesischen Fahrer war hier die Welt zu Ende.

Wir aber standen erst am Anfang. Unmittelbar hinter den Mauern begann die Wüste mit einer weiten, von Tamarisken überzogenen Sandfläche. An ihrem Rande lagerten Kamele, die mit Sätteln, Quasten und Troddeln prächtig aufgezäumt waren. Männer liefen aufgeregt dazwischen hin und her. Sie zerrten und zogen an den Nasenstricken, um widerspenstige Tiere zu Boden zu zwingen, deren gellende Protestschreie ohne Widerhall in der Wüste verklangen.

Die folgenden Stunden waren mit Routinearbeit ausgefüllt. Es galt Ausrüstung und Verpflegung zu sortieren, alles zu ausgewogenen Kamellasten zu verpacken. Auch musste der gesamte Wasservorrat – jedenfalls für den menschlichen Teil der Expedition – kalkuliert und in Behälter abgefüllt werden.

Die Frage der Wasserversorgung ist das Schlüsselproblem in der Wüste. Keine andere Landschaft setzt dem Menschen ähnliche Grenzen. Die Dimension der völligen Wasserlosigkeit zwingt zu genauer Vorbereitung und ausgeklügelter Logistik. Ich hatte mich entschlossen, das lebenswichtige Wasser auf Kamelrücken zu transportieren, und mir deshalb eine Karawane angeschafft. Gleichwohl halte ich es nicht für ausgeschlossen, eine Sandwüste auch ohne Tross, also »unsupported«, zu Fuß zu durchqueren, wenngleich der Beweis dafür noch anzutreten ist. Es ist keine große Leistung, an markierten oder vorher mit einer Karawane abgelaufenen Routen Wüsten hinterher »solo« zu durchwandern, wenn Wasserstellen bekannt sind oder vorher künstliche Depots angelegt wurden.

Spätestens seit meinen beiden Touren in der Takla Makan weiß ich, welche Gehleistungen im Sand möglich sind, und vor allem, wie hoch der Wasserbedarf pro Tag einzuschätzen ist. Seitdem kann ich Berichte von Hunderte Kilometer langen »Alleingängen« durch leere Sandwüsten nur der Kategorie Märchenerzählung zuordnen.

Die Karawane als mobile Oase für eine Wüstendurchquerung hat Vor- und Nachteile. Der Vorteil besteht darin, dass es möglich ist, den gesamten Wasserbedarf für die Menschen von Anfang an mitzutransportieren. Allerdings ist damit das Problem der Wasserversorgung nicht gelöst, sondern nur verschoben. Die Unabhängigkeit von Wasser aus der Wüste muss mit der Abhängigkeit von Kamelen bezahlt werden. Nur wenn die Kamele überleben, ist die Wasserversorgung für den Menschen gesichert. Da selbst das ausdauerndste Wüstenschiff – nicht einmal unbeladen – eine Strecke, wie sie uns bevorstand, nicht ohne Flüssigkeitsaufnahme überwinden kann, ist es notwendig, unterwegs Wasser zu finden. Allerdings ist dies weniger problematisch, weil für Kamele selbst Wasser mit einem Salzgehalt, der es für Menschen ungenießbar macht, noch bekömmlich ist. In der Takla Makan war es einfach gewesen, durch Graben an Grundwasser heranzukommen. Nachts sammelte sich das Wasser im Brunnenloch, morgens wurde es herausgeschöpft, und die Kamele hatten zu trinken. Aber hier in der Gobi ist es anders. Nachdem ich gesehen hatte, wie tief der Grundwasserspiegel allein im Randbereich der Alashan abgesunken war, hielt ich die Chancen, in der Wüste durch Graben an Wasser heranzukommen, für sehr gering. Auch musste ich damit rechnen, dass Salzseen, die auf unseren Karten eingezeichnet waren, nicht mehr existierten. Wie, wo und ob wir die lebenswichtige Flüssigkeit für die Kamele finden könnten, blieb jedenfalls ungewiss.

Unbekannt war auch das Terrain, das uns erwartete. Es existierten keine Vorgaben, weder als Berichte über das Innere der Alashan noch als Routen, denen wir folgen konnten. Nicht einmal die Mongolen, die uns als Kamelführer begleiten sollten, wussten, was uns dort erwarten würde. »Nur wenn sich unsere Tiere verirren«, gestand der erfahrene Karawanier Lao Ge, »folgen wir ihnen in die Wüste und kehren auf gleichem Weg schnell wieder zurück.«

Ich rechnete damit, dass wir auch in der Alashan ähnliche Dünenhöhen und Strukturen vorfinden würden, wie ich sie von der Takla Makan her kannte. Dort hatten die Kamele keinerlei Schwierigkeiten, diese zu überwinden, und wir legten durchschnittlich 15 bis 20 Kilometer pro Tag zurück – Luftlinie zum Ziel versteht sich. Die reale Marschleistung war natürlich viel höher und hing davon ab, wie weit das Gelände uns zwang, von dieser imaginären Direttissima abzuweichen. Eine ähnliche Marschleistung kalkulierte ich auch in der Gobi und legte sie meinen Berechnungen für den Wasserbedarf zugrunde. Sollten wir wider Erwarten viel schwierigeres Gelände vorfinden und die errechneten 15 Mindestkilometer nicht schaffen, musste der Wasserverbrauch entsprechend reduziert werden. In dem Falle, dass wir unterwegs kein Wasser für die Kamele finden würden, bliebe uns immer noch der Fluchtweg nach Süden – so jedenfalls rechnete ich es mir aus.

Natürlich wäre man ohne Karawane wesentlich schneller, aber es war nicht unser Ziel, so schnell wie möglich durch die Wüste zu laufen, sondern lange dort zu sein. Deshalb empfand ich das Tempo, das die Karawane vorgab, nie als Nachteil, im Gegenteil, ich hatte das Unterwegssein auf diese traditionelle Art in der Takla Makan schätzen gelernt. Die Karawane störte mich nicht am Erleben der Wüste, sie wurde genauso Teil von ihr wie ich selbst, und sie ließ mir genügend Freiraum, um alle Erfahrungsmöglichkeiten auszuschöpfen. Ich brauchte mich nur von der Karawane zu entfernen, bis sie hinter den Dünen verschwand und das Läuten der Glocken, die an den Hälsen der Leitkamele baumelten, der kosmischen

Stille Platz machte. Ich konnte mich beliebig weit entfernen, allein unter dem Sternenhimmel schlafen oder mich ganz von ihr trennen, wenn ich meinte, sie würde nur meine Ängste betäuben und mich deshalb begrenzen.

Der Aufbruch

Das schäbige Viehzüchternest mit dem klingenden Namen »Silberne Quelle« hatte sich zwangsläufig als Ausgangspunkt ergeben. Auf mein Ansuchen, die Sandwüste an ihrer breitesten Stelle – etwa auf der Höhe des 40. Breitengrades – von Ost nach West zu durchqueren, wurde mir die erforderliche Genehmigung nur unter der Auflage erteilt, diese Linie nach Norden hin nicht zu überschreiten. Jenseits des 40. Breitengrades ist militärisches Sperrgebiet. Dort führt die chinesische Armee Raketentests durch. Um die Triebwerke in die Wüste zu schaffen, hatten die Militärs entlang des Edsin Gol einen eigenen Schienenstrang verlegt. Weil über die Art der Sprengköpfe, die dort getestet wurden, nur Vermutungen existierten und überdies Gerüchte zirkulierten, dass in der Wüste auch nuklearer Abfall deponiert würde, nahmen wir vorsorglich Geräte zur Messung der radioaktiven Strahlung mit. Ein Überschreiten dieser Demarkationslinie und die damit verbundenen Risiken kamen deshalb für mich nur im Notfall in Frage. Monggon Bulag, die »Silberquelle«, lag knapp südlich des 40. Breitengrades.

Bis zum Abmarsch der Karawane hatte uns der Chef der Dorfkommune, der uns auch die Kamele verkauft und die fünf Karawaniers vermittelt hatte, ein barackenähnliches Gebäude als Basislager zur Verfügung gestellt. Es war knapp vor Einbruch der Dunkelheit, wir waren noch mit dem Packen der Ausrüstung beschäftigt, als ein Fahrzeug in den Hof fuhr, dem eine in einen blauen Mumienschlafsack eingehüllte Gestalt entstieg. Bei näherem Hinsehen erkannte ich Jürgen. Jetzt erst fiel mir ein, dass heute der

Tag war, an dem wir uns hier verabredet hatten. Aber wo war Helmut geblieben? Sollten die beiden nicht gemeinsam anreisen? Aufgeregt berichtete Jürgen von den Ereignissen der letzten Stunden. Bis Shar Burd war die Fahrt ohne Zwischenfälle verlaufen. Aber schon bald danach, als die Piste immer rauer wurde, hatten sie bemerkt, dass bei geschlossenem Fenster immer mehr Staub ins Wageninnere eindrang. Vielleicht war die Bodenplatte undicht, dachten sie. Hinter ihren Sitzen staute sich das Gepäck und ließ keinen Blick durch das rückwärtige Fenster zu. Erst als sie trotz des Staubes plötzlich freie Sicht nach hinten hatten, merkten sie, dass sich die Heckklappe während der Fahrt geöffnet hatte. Aber da war es bereits zu spät. Zwei Teile der Ausrüstung fehlten, darunter Helmuts Fotorucksack, in dem sich sein Heiligtum – die beiden Leica-Kameras samt Zubehör – befand. Sie hießen den Fahrer sofort umkehren. Nach einigen Kilometern fand sich Jürgens Seesack. Er lag mitten auf der Piste. Während Jürgen sein Gepäckstück einsammelte und die nähere Umgebung nach weiteren absuchte, setzte Helmut die Fahrt fort. Seitdem war nicht nur sein Fotorucksack, sondern auch er selbst verschwunden. Jürgen wartete und wartete. Als die Sonne untergegangen war, wurde es schlagartig kalt. Um sich einigermaßen warm zu halten, kroch er in den Daunenschlafsack, der sich glücklicherweise im wiedergefundenen Gepäckstück befand. Gleich die erste Nacht allein inmitten der Wüste zu verbringen erschien ihm wenig verlockend. Deshalb beschloss er, das nächste Fahrzeug, das vorbeikam, zu stoppen. Es hielt nicht an. Jürgen lebte lange genug in China, um zu wissen, dass Daumen hochstrecken und freundliches Winken, vor allem in solchen abgelegenen Gegenden, kaum einen Fahrer zum Anhalten bringen würde. Mit Hilfe von Steinen, seinem Gepäck und dem eigenen Körper errichtete er eine Straßensperre. Knapp bevor es dunkel wurde, erschien ein Fahrzeug, das ihn aufnahm und bis hierher brachte.

Helmut traf erst Stunden später ein. Sein Gesicht sprach Bände. Auch ohne Worte war klar, dass die Fotoausrüstung verloren war. Er war so frustriert, dass er auf der Stelle die Heimreise antreten wollte. Nicht die 40 000 DM finanzieller Verlust schmerzten ihn, sondern der Freude am Fotografieren beraubt zu sein. Was hatte er alles getan, um in die Gobi mitzukommen! Trotz familiärer und geschäftlicher Widerstände hatte er unbeirrt am Ziel festgehalten. Als mich knapp vor dem Start plötzlich Zweifel plagten – auch mir drohten Verluste –, von unterschiedlichen Gefühlen hin und hergerissen, weil der Bauch Ja und der Kopf Nein sagten, waren es er und Jürgen, die die Initiative ergriffen. Jetzt versuchte ich mit ihm zu reden, ihn zu überzeugen, die Dinge loszulassen. Ich kannte und schätzte seinen Hang zur Perfektion, wenn es um Ausrüstung ging, aber gleichzeitig wusste ich um sein Muster, sich an Problemen festzubeißen, sie zu energetisieren. Ich fragte, ob ihm Fotos so viel wert wären, dass er nun alles opfern wollte: die Erlebnisse und Erfahrungen, die in der Wüste auf uns warteten; die Begeisterung, die ihn beflügelte; die Freude am Tun …

Vielleicht war es gut, einmal die Welt nicht durch das begrenzte Auge der Linse zu betrachten, sondern wirklich zu sehen. Aber ich hütete mich davor, den Gedanken in diesem Augenblick auszusprechen. Denn Helmut war in dieser Phase nicht frei, nicht offen für weitergehende Überlegungen. Er klammerte sich an die vage Hoffnung, durch eine systematische Suchaktion den Fotorucksack am folgenden Tag doch noch zu finden.

Am nächsten Morgen waren wir schon früh unterwegs. Stundenlang suchten wir entlang der Piste nach dem verlorenen Gepäckstück. Wir überprüften Gräben und Löcher, kletterten Steilhänge hinab, denn es war durchaus möglich, dass – durch die hohe Geschwindigkeit oder in einer Kurve – der schwere Rucksack über die Piste hinausgeschleudert worden war und noch ein Stück weiterrollte, ehe er irgendwo verschwand. Aber alle Mühe war vergebens. Selbst unsere letzte Hoffnung, dass jemand die wertvolle Ausrüstung gefunden und in Shar Burd abgegeben hatte, erfüllte sich nicht. Allmählich begann sich Helmut mit der Realität abzufinden. Als Ersatz bot ich ihm meine beiden Leicas an und schlug vor, die dazugehörigen Objektive gemeinsam zu verwenden. Zunächst wollte er davon nichts wissen, aber ich beharrte so lange darauf, bis er mein Angebot annahm.

Den Abmarsch der Karawane hatte ich für den nächsten Morgen festgelegt, und es bestand kein Zweifel, dass Helmut dabei sein würde. Als es galt, die letzten Vorbereitungen zu treffen, spürte ich bei ihm bereits wieder das alte Feuer, jene Begeisterung für das gemeinsame Ziel, die wir miteinander teilten, seit wir die Idee der Gobi-Durchquerung verfolgten.

Gegen Abend kam der Dorfchef, um mir seine Aufwartung zu machen. Bei dieser Gelegenheit wollte ich einige grundsätzliche Dinge besprechen. Auch die Karawaniers waren zugegen sowie Orla und Peter, der als Übersetzer fungierte. Nach den üblichen Höflichkeitsfloskeln – immerhin befanden wir uns in einem Raum, in dem noch die alten »Götter« Mao Tsetung und Zhou Enlai von vergilbten Postern herabblickten – kamen wir bald zur Sache. Ich frage Yue, den die fünf Karawaniers zu ihrem Sprecher erkoren hatten, ob er schon einmal mit seinen Kamelen in der Sandwüste gewesen sei. Nein, beteuerte er, er sei noch nie durch die »Shamo« gelaufen, sondern immer nur um sie herum. Nur Bator, der Jüngste von ihnen, kannte die Wüste bis zu einer Wasserstelle, zwei Tagesmärsche entfernt, an der unsere Route vorbeiführen würde.

»Und was kommt dahinter?«, wollte ich von ihm wissen.

»Dahinter ist nichts«, antwortete er.

»Was bedeutet nichts?«

»Sand! Nichts als Sand.«

Ob sie wüssten, dass die Kamele nun uns gehörten, fragte ich weiter. Worauf sie zustimmend nickten. Helmut und ich hatten uns nicht nur die Arbeit in der Vorbereitungsphase geteilt, sondern auch das Unternehmen gemeinsam finanziert. Um möglichst unabhängig zu sein, schlug ich vor, die Kamele zu kaufen. Dann ließ ich sie wissen, dass ich von ihnen erwartete, dass sie die Karawane führten und zwar auf jener Spur, die ich vorgab. Außerdem wäre es ihre Aufgabe, täglich die Kamele morgens zu bepacken und abends, wenn wir lagerten, wieder abzuladen. Ich erklärte ihnen, dass ich bereits zweimal mit einer Karawane in der Takla Makan unterwegs war und deshalb die Bedürfnisse, Leistungsfähigkeit und Grenzen von Kamelen kannte. Zuletzt schärfte ich ihnen ein, dass wir zusammenarbeiten müssten, denn nur gemeinsam könnten wir es schaffen. Ich würde vorauslaufen, um den besten Weg zu suchen, während der Mongole Orla als Mittelsmann zwischen mir und den Karawaniers fungieren sollte und die Aufgabe hatte, die Karawane entlang meiner Spuren zu führen.

Mir war klar, dass wir in den Augen der Kameltreiber – bedingt wohl auch der chinesischen Begleiter – Verrückte waren, weil wir so viel Geld und Energie investierten, um für einige Zeit im Sandkasten zu leben. Sie mochten Recht haben – aus ihrer Sicht. Trotzdem konnten sie nicht widerstehen, freiwillig mitzumachen, um dieses Geldes willen. Das war ihr Sinn. Meiner lag woanders, und dieser war mir noch viel mehr wert.

Wir waren eine Zweckgemeinschaft, nicht nur, was die chinesischen und mongolischen Partner betraf, sondern vor allem auch hinsichtlich der europäischen Teilnehmer. Nicht ein verschworenes Team zog hier gemeinsam durch die Wüste, auch nicht eine Gruppe von Freunden, die wie Musketiere zueinander stehen würden, sondern sechs Individualisten, die sich teilweise vor dieser Tour nicht einmal kannten, mit unterschiedlichen Erfahrungswelten und Motivationen. Ich war der Einzige, der als Fußgänger Wüstenerfahrung hatte. Die Gobi war meine Idee, mein großer Traum, den ich jahrelang verfolgt hatte. Ich hatte den Plan entwickelt und schließlich auch den Partner ausgewählt.

Helmut war von Anfang an dabei gewesen, und in der Endphase der Vorbereitungen hatten wir die Arbeit brüderlich geteilt. Unsere Beziehung ruhte auf dem Fundament vieler gemeinsamer Erfahrungen und dem Vertrauen, das sich daraus entwickelt hatte. In den letzten Jahren waren wir zusammen monatelang unterwegs gewesen – vor allem in Tibet. Er war der Einzige in der Gruppe, der noch Führungsarbeit übernehmen konnte. Wenn ich mich nicht auf meine Beine verließ oder meiner Intuition folgte, dann verließ ich mich auf ihn.

Auch Jürgen kannte ich von einer gemeinsamen Tour. Knapp ein halbes Jahr vor der Gobi unternahmen wir zusammen einen Trip nach Neuguinea, um im Auftrag des Nachrichtenmagazins »Der Spiegel« eine Regenwaldreportage zu erarbeiten. Bei den Gewaltmärschen durch den Dschungel hatte er sich recht gut gehalten. Deshalb war ich überzeugt, dass er auch die Wüstentour physisch schaffen würde – wenngleich die Gobi nicht mit der Journalistenreise nach Neuguinea zu vergleichen war. Dort gab es eine Infrastruktur mit menschlichen Siedlungen, lokalen Führern und Helfern, die den Urwald wie ihre Westentasche kannten. Hier war es eine Expedition, ein Vorstoß ins Unbekannte, mit Unwägbarkeiten und Risiken, die trotz der vermeintlichen Sicherheit einer Karawane bestanden. Jürgen wollte für den »Spiegel« das Unternehmen beobachten – gewissermaßen aus neutraler Sicht – und später darüber berichten, während ich die Fotos dazu liefern sollte. Ein hehrer Vorsatz, aber ein Anspruch, den ich für unerfüllbar halte. Wie sollte er daran teilnehmen und dabei gleichzeitig Außenstehender bleiben? Er konnte gar nicht anders, als sich zu involvieren und damit das Geschehen wie alle anderen – mehr oder weniger – zu beeinflussen. Die Story, die er verfasste, konnte deshalb nur seine Geschichte sein, geprägt von seinen eigenen Emotionen, Ängsten und Projektionen.

Erst knapp vor Beginn der Expedition engagierten Helmut und ich ein dreiköpfiges Kamerateam. Ihre Aufgabe war es, eine professionelle Filmdokumentation anzufertigen. Bei vergangenen Unternehmungen hatte ich häufig selbst gedreht, aber diesmal wollte ich mir das nicht antun, sondern mich ganz dem Erleben der Wüste hingeben können. Obwohl Christof, Frank und Lilo keinerlei Erfahrungen mitbrachten und wir uns nur flüchtig kannten, glaubte ich, es verantworten zu können, sie mitzunehmen. Ein Fehler, wie sich später zeigen sollte.

Das waren ungefähr die Voraussetzungen, als wir am 2. Oktober – einen Tag nach dem chinesischen Nationalfeiertag – von Monggon Bulag aufbrachen. Zur Verabschiedung hatten sich die Einwohner des Ortes schon in aller Frühe an unserem Lagerplatz eingefunden. Niemand wollte sich das Spektakel entgehen lassen. Es bildete eine willkommene Abwechslung im monotonen Alltag von Monggon Bulag.

Erwartungsgemäß nahm das Beladen der Kamele Stunden in Anspruch. Es wurde fast Mittag, bis wir endlich abmarschbereit waren. Der Dorfchef raunte den Kamelführern noch letzte Anweisungen zu. Dann drückte er jedem von uns so fest die Hand, als wollte er sich vergewissern, dass wir noch lebten. Am Spalier der Zuschauer vorbei, die uns manch mitleidigen Blick zuwarfen, zogen wir schließlich in die Wüste hinaus.

Die Kamele waren schwer beladen, und die Bronzeglocken stimmten einen monotonen Rhythmus an. Zusammen mit Jürgen lief ich voraus. Kerzengerade, wie auf einer Schnur aufgefädelt, bewegte sich die Karawane nach Westen, unserer generellen Marschrichtung. Dort erhob sich bereits das erste sichtbare Hindernis – ein dunkler Bergrücken von über 50 Kilometer Länge. Es blieben nur zwei Möglichkeiten: Entweder umgingen wir die Felsbarriere in einem weiten Bogen nach Norden, oder wir versuchten eine gangbare Passage zu finden. Ich entschied mich für Letzteres. Die Kamelführer murrten. Yue – ihr Sprachrohr – erklärte, dass der Weg über die Berge zur Zeit nicht möglich wäre, weil dort angeblich Sprengarbeiten durchgeführt würden. Das wollte ich nicht glauben. Vielmehr vermutete ich darin eine Ausrede, um uns auf den bequemen, aber weiteren Weg zu locken. Außerdem fürchtete ich, durch den Umweg zu weit nördlich des 40. Breitengrades, also in militärisches Sperrgebiet, zu geraten.

Der direkte Weg schien zunächst tatsächlich der bessere, denn statt der prophezeiten Detonationen vernahm ich den Ruf des Muschelhorns. Er verkündete den Triumph der buddhistischen Lehre über das Dunkel der Unwissenheit. Inmitten der Ödnis hatten sich zwei buddhistische Mönche eingefunden, die in eine Opferzeremonie vertieft waren. Sie erschienen wie Boten einer längst von den herrschenden Chinesen ausgerotteten Religiosität, die nur noch in der Wüste überlebt hatte oder hier gerade von neuem entstand.

Während der Mönchsschüler von Zeit zu Zeit in das Muschelhorn blies, rezitierte der Lama ohne Unterbrechung heilige Formeln, die er von einem Bündel bedruckter Blätter ablas. Die Wüste ringsum bildete eine eindrucksvolle Kulisse für die Kulthandlung. In der ganzen Erscheinung lag etwas Geheimnisvolles. Wo kamen sie her und wohin gingen sie? Sie hatten kein Gepäck dabei. Wo lag ihre Behausung oder ihr Kloster? Auf meinen Wunsch hin, seines Segens teilhaftig zu werden, unterbrach der Lama sein Ritual. Hintereinander glitten wir an ihm vorbei, bückten uns tief, damit er unsere Häupter berühren konnte. Ohne noch einmal aufzublicken, ließ er uns ziehen – der Wüste entgegen.

Dem Gebirge kamen wir rasch näher. Mit dem Fernglas suchte ich den Gebirgswall nach einer möglichen Passage ab. Über ein ausgetrocknetes Flussbett drangen wir schließlich in das Innere vor. Je weiter wir vorstießen, desto enger traten die Talwände zusammen, zwangen uns in einen immer schmäler werdenden Canyon hinein. Als das Gelände unübersichtlich wurde, ließ ich die Karawane anhalten. Zu zweit erkundeten wir den Weiterweg, stellten aber bald fest, dass es hier kein Durchkommen für die schwer beladenen Kamele gab. Also Umkehr, zurück zu der Stelle, bevor sich der Canyon verengte. Vielleicht bot sich dort eine Möglichkeit. Schwach erkennbare Tierspuren liefen im Zickzack über eine steinige Halde hinauf. Wiesen sie den Weg zu einem Pass? Helmut eilte voraus. Oben angekommen, deutete er, dass wir mit der Karawane folgen sollten. Kurz bevor die ersten Kamele die Schwelle erreichten, begann eines der Tiere zu bocken. Wie eine Kettenreaktion blieben auch alle anderen stehen und waren nicht mehr von der Stelle zu bewegen.

Da halfen weder derbe Tritte noch Zerren an den Stricken, die an einem Holzpfahl befestigt waren, der im durchbohrten Nasenseptum steckte. Aber auch der Rückzug war alles andere als elegant. Die verängstigten Tiere bewegten sich so unbeholfen abwärts, dass die Kamelführer alle Hände voll zu tun hatten. Jedes Mal, wenn eines wieder stehen blieb, geriet die gesamte Phalanx in Unordnung. Als wir endlich unten ankamen, war es Nachmittag geworden und der Tag gelaufen.

Jetzt blieb nur noch ein Weg übrig: jener, den die Karawaniers vorgeschlagen hatten. Während wir, nachdem wir wieder aus dem Gebirge draußen waren, an seinem Rand nordwärts marschierten, musste die Karawane ganz hinaus in die sandige Ebene, weil die Kamele mit ihren weichen Sohlen nicht auf felsigem Untergrund laufen konnten. Gegen siebzehn Uhr wurde gelagert – in Sichtweite von Monggon Bulag, unserem Ausgangspunkt. Obwohl wir an diesem Tag mehr als 20 Kilometer gelaufen waren, hatten wir nur magere zehn Kilometer in unserer Zielrichtung zurückgelegt. Damals ahnten wir nicht, dass wir einmal froh sein würden, diese Marschleistung überhaupt zu erreichen.

Die Temperaturen waren tagsüber unerwartet angenehm gewesen. Kein Vergleich zur lähmenden Hitze, die ich in der Takla Makan erlebt hatte. Nachts aber sank das Thermometer auf zehn Grad unter Null. Am Morgen hatte sich eine dicke Eisschicht in unseren Wasserbehältern gebildet. Um den Rückstand vom ersten Marschtag wieder wettzumachen, bat ich Orla, dafür zu sorgen, dass die Karawane so früh als möglich abmarschbereit war. Trotz der noch fehlenden Routine beim Beladen der Kamele zogen wir bereits um neun Uhr los. Den ganzen Tag bewegten wir uns durch eine erschreckend langweilige Landschaft. Die Wüste war flach wie ein Billardtisch. Ein Teppich von Saxaul und Tamarisken überzog die Oberfläche. Es gab zwar keine Hindernisse, aber auch keine Abwechslung. Das ungewohnte Gehen im weichen Sand ließ uns bald ermüden. Dennoch kamen wir gut voran. Hier im ebenen Gelände legte die Karawane ein Tempo vor, mit dem wir kaum Schritt halten konnten.

Gegen Nachmittag tauchten im Norden erste Sanddünen auf, die sich allmählich verdichteten, während gegen Süden hin das Gebirge, das wir nun umgangen hatten, eine markante Grenze setzte. Wir folgten weiterhin dem zunehmend schmäler werdenden Band flacher Tamariskensteppe, einer Art Pufferzone zwischen Gebirge und Sandwüste. Als sich die Sonne über den westlichen Horizont herabsenkte, schlugen wir unser Lager auf. Wir waren den ganzen Tag stur in Richtung Westen marschiert, mit dem Ergebnis, dass wir mehr als 20 Kilometer in unserer Zielrichtung zurückgelegt hatten.

Obwohl wir mit dem Ergebnis sehr zufrieden sein konnten, kam keine rechte Freude auf. Der Grund: Bei meiner routinemäßigen Kontrolle der Wasserreserven musste ich mit Schrecken feststellen, dass zehn Behälter, etwa ein Viertel unseres gesamten Wasserbedarfes, ausgelaufen waren. Das billige Plastikmaterial »Made in China« hielt den Belastungen nicht stand. Weitere Verluste konnten wir uns nicht mehr leisten. Es hätte das vorzeitige Ende der Expedition bedeutet. Auch Orla machte ein besorgtes Gesicht. Er redete den Kamelführern ins Gewissen, die Kanister schonender zu behandeln. Vor allem mussten sie auf eine andere Art und Weise verschnürt werden, denn nur eine bessere Druckverteilung konnte verhindern, dass weitere Kanister aufplatzten.

Nach dem Abendessen meinte Jürgen, es wäre nun an der Zeit, dass wir beide, so zum Einstand, mit den Mongolen einen heben sollten. Dafür wolle er gerne Opfer bringen, und als Beweis holte er eine Flasche Whisky aus seinem Zelt. Die Karawaniers saßen bereits ums Feuer. Sie hießen uns freudig willkommen, und Yue drückte mir gleich zur Begrüßung eine Flasche Kamelschnaps in die Hand. Ich nannte ihn so, weil es das Einzige war, was ich am Label ablesen konnte. Das Zeug brannte wie Spiritus. Schnell reichte ich den Fusel an Jürgen weiter. Er nahm einen kräftigen Schluck und spülte gleich seinen guten Whisky hinterher. Während die Flasche die Runde machte, wurde die Stimmung immer ausgelassener. Als der Whisky alle war, sorgte Orla für Nachschub – mit Kamelschnaps. Bald wurde mir so übel, dass ich keinen Tropfen mehr herunterbrachte. Als Zeichen des guten Willens nuckelte ich aber weiterhin an der Flasche, dass es so aussah, als würde ich genussvoll trinken. Jürgen hatte bereits seinen teuren Whisky geopfert, nun war er drauf und dran, sich selbst zum Opfer zu bringen. Das Ende verhüllte gnädig die Dunkelheit der Nacht. Irgendwann einmal schleppte ich Jürgen zu seinem Zelt. Wie ich selbst in meines kam und auch noch in den Schlafsack schlüpfte, wusste nur Helmut, aber er schwieg darüber beharrlich.

Am nächsten Morgen fehlte Jürgen beim Frühstück. Trotzdem ließ er von sich hören. Es waren seltsame Laute, die aus seinem Zelt drangen: lautes Stöhnen und Wehklagen. Schließlich kroch er aus dem Zelt und musste sich gleich übergeben. Mit reumütiger Stimme ließ er uns wissen, dass er sich schrecklich elend fühle und nicht laufen könne. Orla, nicht ganz unschuldig an der Aktion, kümmerte sich rührend um ihn. Er organisierte das einzige Kamel, das wir als Reserve unbeladen mitführten. Es diente auch als Reitkamel, um entlaufene Artgenossen wieder einzufangen. Auf seinen Rücken wurde Jürgen gebettet. Dort saß er, eingeklemmt zwischen den prall gefüllten Höckern, wie ein Don Quijote der Wüste, und schaukelte durch die Landschaft.

Es war ein windstiller Tag, und die Sonne goss ihr Licht verschwenderisch über die Wüste. Um Mittag stiegen die Temperaturen erstmals auf über 40 Grad an. Ohne den geringsten Schatten hielten wir für eine halbe Stunde Rast. Ein längeres Verweilen ließen die beladenen Kamele nicht zu.

Nach dem Wasserverlust an den ersten beiden Tagen suchten wir nach einer Möglichkeit, noch bevor wir das Sandmeer betraten, wenigstens alle verfügbaren Behälter aufzufüllen. Auch die Kamele mussten noch einmal saufen, erklärte Bator und erbot sich, die Karawane zu jener Wasserstelle zu führen, von der er mir in Monggon Bulag erzählte. Bis dorthin, so ließ er uns wissen, hätten wir nur noch zehn Kilometer zu laufen. Der »Held« – was der mongolische Name bedeutet – lief nun voraus, seine sechs Kamele, die mit Stricken aneinander gebunden waren, hinterherziehend. Nach zehn Kilometern war von einer Wasserstelle weit und breit nichts zu sehen. Im Gegenteil: Die Landschaft verwüstete immer mehr. Aufgeregt standen die Kamelführer beisammen und debattierten ob des Weitergehens. An ihren Gesten gemessen, müssten wir gleichzeitig in verschiedene Richtungen marschieren. Yue beendete den Disput, indem er entschlossen die Leine seines Leitkamels »Viktor« ergriff und loszog. Jetzt wären es nur noch zehn Kilometer, verkündete er selbstsicher, als er an uns vorbeimarschierte.

Unter seiner Führung bogen wir nun scharf nach Süden ab, hielten direkt auf die Ausläufer jenes Gebirges zu, das wir am ersten Tag vergeblich zu überqueren suchten. Nach drei Stunden hatten wir die ersten Felsrücken erreicht, die wie gespreizte Finger in die Ebene griffen. Erst nach einigem Suchen fand sich eine versandete Talfurche, die den Kamelen einen Zugang eröffnete. Zu unserem Erstaunen trafen wir bald auf ein einzelnes Gehöft von Hirten, die hier am Rande der Wüste ein Leben am Existenzminimum führten. Ihr Überleben hing gänzlich von ihren Ziegen ab und der einzigen Wasserstelle weit und breit. Den Weg dorthin brauchten sie uns nicht mehr zu zeigen. Er war mit unzähligen Tierspuren markiert.

Das lebensspendende Wasser wurde aus einem mehrere Meter tiefen Brunnenloch geschöpft. Nachdem wir in der Nähe unser Lager aufgeschlagen hatten, trieben die Kamelführer unsere Tiere zur Tränke. Mit der Gleichmäßigkeit eines Pendelschlages ließ der alte Ge den hölzernen Eimer in die Tiefe gleiten und holte ihn am Seil wieder hoch, um den Inhalt in einen langen Trog zu kippen. Die durstigen Wüstenschiffe drängten heran und sogen in langen Zügen die Flüssigkeit ein. Von Zeit zu Zeit hob eines der Kamele seinen Schädel hoch und schüttelte die sabbernde Unterlippe, dass die Wassertropfen nach allen Seiten spritzten.

Nach Sonnenuntergang kamen von den umliegenden Berghängen Schafe und Ziegen heran. Wie ein Magnet zog der Brunnen alle Lebewesen an. Plötzlich war alles voll mit blökenden und meckernden weißen Leibern, die sich um den Holztrog scharten, in den der Hirte unablässig Wasser goss.

Unsere Kamele hatten sich längst, nachdem ihr Durst gelöscht war, auf die Suche nach etwas Fressbarem gemacht. Sie streunten frei in der Umgebung umher. Noch bestand keine Gefahr, dass sie zurücklaufen würden, und deshalb ließ man sie auch nachts unbeaufsichtigt im Freien. Am nächsten Morgen folgten die Karawaniers gewöhnlich ihren Spuren und trieben sie zum Lagerplatz zurück. Manchmal kam es vor, dass sich einzelne Tiere sehr weit entfernt hatte. Die Suche gestaltete sich dann entsprechend schwierig und zeitraubend. So auch an diesem Morgen. Obwohl die Kameltreiber bereits bei Anbruch der Dämmerung unterwegs waren, um die Kamele einzufangen, kamen wir erst spät los.

Wasser ist Leben

Wir verließen das Gebirge in nordwestlicher Richtung. Nachdem wir am Vortag, wegen der Wasserstelle, nach Süden abgedriftet waren, peilte ich nun unsere Ideallinie an – den 40. Breitengrad. Außerdem kamen wir dadurch rascher aus der Steppe heraus in die Sandzone. Noch vor Mittag hatten wir die ersten Dünen erreicht. Es gab kaum jemand, der sich nicht darüber freute. Kündigten sie doch den Beginn einer anderen Welt an, von der wir so oft sprachen, weswegen wir hergekommen waren, und die sich nun als ein Meer zu Sand erstarrter Wogen vor uns ausdehnte. Peter, der Stadtmensch aus Beijing, lief übermütig die Dünen hoch. »Jetzt sind wir in der richtigen Wüste«, rief er von oben herab. Nur die Kamelführer standen gleichgültig da, als wäre nun das Unvermeidliche eingetreten, dem sie sich emotionslos fügten. Wie durch eine Schleuse, deren Sog wir uns nicht entziehen konnten, drangen wir in das Dünenmeer ein. Das Gebirge, an dem wir morgens aufgebrochen warfen, verschwand hinter den gezackten Dünenkämmen. Jenseits der ersten niedrigen Sandberge wuchsen höhere auf und dahinter noch höhere. Das Tempo der Karawane wurde deutlich langsamer.

Ich lief voraus, um die Richtung vorzugeben. Helmut folgte mit seinem Lieblingsspielzeug in der Hand: dem GPS-Gerät, das mit Hilfe von Satelliten per Knopfdruck unsere genaue Position ausspuckte. Er benutzte es wie einen Computer und konnte mir jederzeit sagen, wie viele Kilometer wir in der letzten Stunde, seit der letzten Rast oder überhaupt zurückgelegt hatten, wie weit unser angepeiltes Ziel noch entfernt war und in welche Richtung wir zu laufen hatten. Selbst unseren bisherigen Routenverlauf konnte man als Grafik ablesen.

Mit Helmut als wandelnder Datenbank im Rücken, nahm ich mein eigenes Navigationsgerät nur selten zur Hand. Ich konnte mich ganz auf das konzentrieren, wozu das GPS nicht imstande war: den besten Weg durch das Dünengewirr zu finden oder nach Wasser zu suchen, wenn es notwendig war. Mein Verhältnis dazu war immer zwiespältig. Im Jahre 1989, als ich erstmals in die Takla Makan ging, hatte ich nur einen Kompass dabei. Meistens orientierte ich mich am Stand der Sonne und am Winkel des eigenen Schattens, den ich auf der Sandoberfläche warf. Nach einiger Zeit hatte ich ein sicheres Gefühl für die richtige Richtung entwickelt, selbst dann, wenn mir die Dünen einen Zickzackkurs aufzwangen. Den Kompass benutzte ich nur noch zur Kontrolle. Mit dem GPS verhielt es sich ähnlich. Ich hatte es zwar dabei, aber ich war nicht davon abhängig. Meinen Weg fand ich auch so.

Das war bisher eine leichte Aufgabe. Die Dünen erreichten ungefähr die Höhe, wie ich sie von der Takla Makan her kannte. Auch waren sie so geschichtet, dass Orla keine Mühe hatte, die Karawane nachzuführen. Bei erstaunlich angenehmen Temperaturen hielten wir Mittagsrast. Wir saßen auf einem Dünenkamm, und Helmut steckte seine heiß gelaufenen Fußsohlen in den kühlenden Sand.

»Als Kind habe ich immer von einem großen Sandkasten geträumt«, sagte er und ließ dabei genüsslich eine Hand voll durch die Finger rieseln. »Jetzt weiß ich, dass es ihn wirklich gibt.« »Einen für Erwachsene«, fügte ich ergänzend hinzu. Er hatte den Frust über den Verlust der Fotoausrüstung ganz vergessen und war nun mit voller Energie bei der Sache.

Die Zeit für die Mittagsrast war knapp bemessen. Sie reichte gerade aus, um die Scheibe Käse und etwas Fladenbrot zu verzehren, das die Tagesration bildete. Die verbleibende Zeit nutzten wir zum Studium der Karte. Helmut übertrug seine GPS-Daten regelmäßig auf die Karte. Allerdings war diese nur begrenzt aussagekräftig. Wir befanden uns wenige Kilometer vor dem Gebiet, das auf unserer Karte mit »Relief Data Incomplete« überschrieben war. Die weiß gebildete Fläche verriet nichts von dem, was uns dort erwartete. Ob es dort Dünen gab, niedrige oder hohe, Wasserstellen oder Salzseen, oder ob ein Bergzug unseren Weg versperrte, blieb völlig ungewiss. Nur unsere jeweilige Position ließ sich mit Sicherheit bestimmen.

Obwohl wir an diesem Tag spät losmarschiert waren, hatten wir bis zur Mittagsrast zehn Kilometer Luftlinie zurückgelegt. Mit diesem Fortschritt war es einstweilen vorbei. In der zweiten Tageshälfte schafften wir nur noch fünf. Von Stunde zu Stunde wuchsen die Sandberge höher und zwangen die Kamele zu immer größeren Umwegen. Unterwegs sammelten die Mongolen das Holz abgestorbener Tamarisken. Kaum waren wir am Lagerplatz angekommen und die Kamele abgeladen, hatten sie schon ein Feuer in Gang gebracht und ihren Teekessel darüber aufgehängt. Mit gleicher Schnelligkeit bereiteten sie ihre Abendmahlzeit. Jeder Handgriff war eingefahrene Routine. Während wir unsere Kochutensilien und Zutaten aus den Kamellasten zusammensuchten, zirkulierte bei ihnen bereits der obligate Kamelschnaps.

Wir ernährten uns rein vegetarisch. Reis und Nudeln bildeten die Basis, ergänzt mit Kartoffeln und verschiedenen Gemüsen, die wir in Hohhot eingekauft hatten. Für die lästige Küchenarbeit hatten wir eine Art Rotationsprinzip eingeführt. Dies gewährleistete nicht nur eine gewisse kulinarische Vielfalt, weil jeder einmal an die Reihe kam, sondern ließ auch jedem genügend »Freizeit«, die schönsten Stunden zu genießen, die die Wüste bot – die Zeit von Sonnenuntergang bis zum Anbruch der Nacht.

An diesem Abend nutzte ich meine Freizeit für eine Sportart, die man gewöhnlich nur im winterlichen Europa betreibt. Langlaufski zur Fortbewegung im Sand zu benutzen schien auf den ersten Blick paradox, aber schon in der Takla Makan hatte ich damit experimentiert – mit Erfolg. Schnell lernte ich die Vorteile schätzen, denn ich war schneller als zu Fuß, sparte Kraft und konnte einer direkten Route folgen. Vor allem aber macht es Spaß, über die steilen Leeseiten der Wanderdünen abzufahren.

Auf dieses Vergnügen wollte ich auch in der Gobi nicht verzichten. Helmut als passionierter Skiläufer konnte es kaum noch erwarten, seine ersten Spuren über die Sandberge zu ziehen. Die Mongolen waren darauf weniger erpicht. Skeptisch beobachteten sie unsere Vorbereitungen und warfen sich viel sagende Blicke zu, als wir, die seltsamen Bretter unter die Füße geschnallt, im Diagonalschritt an ihnen vorbeiliefen. Für die Demonstration wählte ich den höchsten der umliegenden Sandberge aus. Wir nahmen ihn frontal.

Kerzengerade stiegen wir über die Leeseite auf. Selbst das letzte Steilstück aus lockerem Sand, das zum messerscharfen Grat führte, war mit wenigen Schritten überwunden. Unvermittelt traten wir aus dem Schatten in das Licht. Wir waren wie geblendet. Der elegant geschwungene Dünenkamm, auf dem wir standen, badete in den Strahlen der Abendsonne. Als sich unsere Augen an die Helligkeit gewöhnt hatten, sahen wir uns um. Der Blick nach Westen ließ uns erschaudern. Da türmte sich der Sand zu nie gekannten Dimensionen auf. Regellos ineinander verschachtelte Dünenkonglomerate hatten sich zu einem Bollwerk verdichtet, das keine Lücken und Schneisen mehr erkennen ließ. Wo sollte da die Karawane durchkommen?

Es blieb keine Zeit, darüber weiter nachzudenken, denn nun begann ein Naturschauspiel, das uns in seinen Bann schlug. Im Licht der untergehenden Sonne leuchtete der Sand auf, als stünde er in Flammen. Länger und länger dehnten sich die Schatten aus, zauberten ständig sich verändernde Muster auf die Oberfläche. Dunkelrot auf der einen Seite und pechschwarz auf der anderen, reckte sich der sichelförmige Dünengrat in den Himmel. Alles um uns bestand nur noch aus Polaritäten. Licht und Schatten, Tag und Nacht, Hitze und Kälte, und wir bewegten uns genau an der Grenze. Wie Wanderer zwischen zwei Welten spurten wir am scharfkantigen Grat zur Dünenspitze hinauf. Dann stürzten wir uns mit einem Freudenschrei zu Tal, die Stöcke unter die Arme geklemmt und in tiefer Hocke, als würden wir an einem Abfahrtsrennen teilnehmen. Für Ungeübte ist diese Art der Fortbewegung nicht zu empfehlen. Deshalb hatte ich außer für uns beide nur noch für Jürgen eine Skiausrüstung dabei. Er wollte erst unsere Versuche abwarten, bevor er sich entschied. Für uns war es keine Frage mehr. Wir brauchten nur an die hohen Dünen zu denken, die vor uns lagen und die wir als Pfadfinder hochsprinten mussten.

Die Schwerfälligkeit der Karawane machte mir allerdings Sorgen. Seit wir das Dünengebiet betraten, war sie nur noch im Schneckentempo vorangekommen.

»Ihr müsst schneller sein«, sagte ich zu Orla am nächsten Morgen. »Du weißt genauso wie ich, dass unser Wasser nicht reicht, wenn wir weiterhin so langsam vorankommen.«

Mit lauter Stimme, sodass es alle Kamelführer hörten, wiederholte er meine Sätze in mongolischer Sprache.

»Die Kamele können nicht schneller laufen«, erwiderte Yue.

»Dann müssen wir eben früher aufbrechen und später lagern«, forderte ich.

Dann wandte ich mich an Jürgen, der das Gespräch schweigend verfolgte. Er solle bei der Karawane bleiben, sagte ich zu ihm, als Unterstützung für Orla und um notfalls die Kamelführer anzutreiben. Mit seinen chinesischen Sprachkenntnissen konnte er direkt mit den Mongolen kommunizieren, während ich mich nur über zwei Ecken – nämlich über Peter und Orla – verständigen konnte. Das war nicht nur mühsam, sondern auch nicht immer frei von Missverständnissen.

Aber Theorie und Praxis, Reden und Handeln sind oft zweierlei. Anstatt früher aufzubrechen, geschah dies später denn je. Aus unerklärlichen Gründen dauerte das Beladen der Kamele an diesem Morgen besonders lange. Die Sonne stand bereits hoch am Himmel, als wir endlich losmarschierten.

Mit den Langlaufskiern unter den Füßen lief ich der Karawane voraus, um ihr die generelle Marschrichtung anzugeben. Helmut, ebenfalls auf Skiern, folgte in einigem Abstand. Wir hatten vereinbart, miteinander in Sichtkontakt zu bleiben. Er seinerseits sollte mit Orla auf Tuchfühlung bleiben, der die Karawane anführte. Der Mongole hatte die undankbare Aufgabe, einen gangbaren Weg für die Kamele zu finden. Unseren Skispuren direkt zu folgen wäre sinnlos gewesen.

Der Abstand zwischen mir und der Karawane vergrößerte sich rasch. Ich merkte es am Läuten der Kamelglocke, das immer leiser wurde, bis sie ganz verstummte. An ihre Stelle trat eine Stille, die kein Geräusch mehr kannte, in der selbst der laute Ehrgeiz schwieg. Nach einiger Zeit war auch die Karawane nicht mehr zu sehen. Der Sand hatte sie verschluckt, als wäre sie nur ein Trugbild gewesen. Nur wenn ich von Zeit zu Zeit stehen blieb und wartete, sah ich Helmut in der Ferne auf einem Dünenkamm auftauchen und ebenso schnell wieder verschwinden. Vor mir aber lag eine Welt, die sich auf zwei Elemente reduziert hatte. So weit das Auge reichte: nur Sand, darüber der Himmel, stählern blau.

Seit ich zum ersten Mal meinen Fuß dorthin setzte, hat mich die Wüste fasziniert. Sie ist mit keiner anderen Landschaft zu vergleichen. Nirgendwo sonst findet man eine derartige Einfachheit an Formen und Erscheinungen. Alles, was es an größeren Formen je gab, hat sich gewandelt, ist zerfallen in Sand und Staub, eine Art Endzustand der Materie, der kein Geräusch mehr verursacht. Die absolute Stille der Wüste mag unterschiedlich empfunden werden, vom einen als beklemmend, vom anderen befreiend – aber gleichgültig lässt sie nicht. Es ist eine Umgebung, in der es keine Ablenkung mehr gibt, nichts, woran Gedanken haften können. Man ist gezwungen, sich mit sich selbst auseinander zu setzen. Die Leere draußen erschließt die Fülle drinnen, öffnet das Herz. Wo kein sinnloser Lärm mehr die Gedanken stört, wird man hellhörig für subtile Botschaften, lässt es einen die innere Stimme gewahr werden. Nicht zufällig sind Propheten aller Zeiten in die Wüste gegangen, um etwas zu erfahren – sich selbst – und damit kosmische Gesetzmäßigkeiten kennen zu lernen. Die Wüste war nur das Medium, ein mythisches Purgatorium, das den Geist reinigte.

»Warum gehst du in die Wüste?«, fragt man mich immer wieder. »Was suchst du dort?«

»Um zu lernen«, ist meine einfache Antwort darauf.

»Was kann dich denn ein Sandhaufen lehren?«

»Viel, sehr viel sogar. Ich habe dort meinen Weg gefunden, meine Art, die Welt zu erkennen, und auch die Kraft gewonnen, ›artgerecht‹ zu leben. Die Natur hat mich gelehrt, auf die eigenen Kräfte zu vertrauen, meine Intuition und mein schöpferisches Potenzial zu entwickeln. Das half Ängste abzubauen, jene Begrenzungen, die wie eine innere Handbremse wirken. Ich bin dankbar, über diesen

Weg zu lernen; es gibt viel härtere Wege, Krankheit zum Beispiel oder so genannte Schicksalsschläge ...«

»Also doch eine Flucht?«

»Nein, denn dann würde ich ja dort bleiben. Ich versuche, jede Erfahrung in mein Leben zu integrieren. Aus ihrer Summe beziehe ich jene Form von Sicherheit, die nicht auf Verträge und Policen beruht, sondern im Wissen um die eigenen Fähigkeiten und Ressourcen gründet. Von Anfang an war ich bestrebt, mein Leben auf eine unabhängige Basis zu stellen. In einer Welt, deren Bewusstseinsindustrie ein unerhörtes Maß geistiger Umweltverschmutzung erzeugt, ist dies der einzige Weg. Deshalb werde ich weiterhin nur in das investieren, was von Bestand ist – in die eigenen Erfahrungen.«

Meine Erfahrungen sagten mir nun, dass etwas mit der Karawane nicht in Ordnung war. Helmut war weit zurückgeblieben und hatte sich auf einer Dünenspitze niedergelassen. Ich wartete ab. Als ich aber sah, dass er nicht weiterging und auch von der Karawane nichts zu hören und zu sehen war, lief ich zu ihm zurück. Es dauerte lange, bis wir wieder das Läuten der Glocke vernahmen, die anzeigte, dass die Karawane in Bewegung war. Endlich tauchte sie zwischen den Dünen auf.

Eines der Kamele sei schwer gestürzt, berichtete Jürgen. Dabei hätte es seine gesamte Last abgeworfen. Unglücklicherweise war es genau jenes, auf dem eines unserer Solarpaneele befestigt war. Außerdem hätten die Kamele sich mehrmals geweigert, hohe Dünen zu passieren, und sie wären deshalb gezwungen gewesen, große Umwege zu machen.

»Konntest du die Karawane nicht zu einer schnelleren Gangart bewegen?«, frage ich ihn.

»Nein, sie gehorchen mir nicht. Deshalb wäre es besser, wenn du mit ihnen gehst – du kennst ja ihr Hierarchiedenken.«

Es war mir unbegreiflich, warum die Karawane nicht hinterherkam. Ich hatte weder ein besonders schnelles Tempo vorgelegt, noch war das Gelände allzu schwierig gewesen. Aber nun sollte ich es selbst sehen. Helmut ging an die Spitze, während ich versuchte, den Tross auf der besten Route nachzuführen. Schon bald gab es die ersten Schwierigkeiten. An einem harmlosen Dünenabbruch von wenigen Metern wollten die Kamelführer einen großen Umweg einschlagen. Waren die Tiere schon ängstlich, dann waren es ihre Herren noch viel mehr. Wenn die Karawane eine solche Passage nicht meisterte, rief ich Orla zu, der noch oben stand, dann wäre es besser, wenn wir gleich umdrehten. Ich wusste nicht, ob er meine Worte übersetzte oder eine Belohnung versprach, jedenfalls erschien Yue, sein Leitkamel »Viktor« im Schlepptau, und führte seine Gruppe über das Steilstück hinunter. Tief sanken die schwer beladenen Tiere im weichen Sand ein, rutschten ab, aber keines stürzte. Obwohl nun eine Spur gebrochen war, stellten sich die nachfolgenden Gruppen so unbeholfen an, dass ein Chaos entstand. Einzelne Tiere brachen aus und blieben mitten am Abhang stehen, andere bockten bereits an der Kante, und die Treiber mussten sie mit vereinten Kräften an den Nasenstricken in die Tiefe ziehen. Unten angekommen, verging viel Zeit, bis sich die Karawane wieder formiert hatte und abmarschbereit war. So ging es weiter – bis wir lagerten. Das Tagesergebnis war niederschmetternd. In sieben Stunden hatten wir neun Kilometer zurückgelegt – Luftlinie!

Nach diesem Tag war jedem von uns klar, dass wir so nicht weitermachen konnten. Davon auszugehen, dass das vor uns liegende Terrain einfacher begehbar war, hielt ich für eine gefährliche Illusion. Im Gegenteil, alle Anzeichen sprachen dafür, dass es eher schwieriger wurde – wie schwierig freilich, ahnte zu diesem Zeitpunkt noch niemand. Es gab für uns nur zwei Möglichkeiten: Entweder, die Kamele und auch ihre Treiber konnten sich mit den immer höher werdenden Dünen anfreunden, oder wir mussten uns eine andere Route überlegen. Um das auszuloten, habe ich Orla und die Kamelführer zusammengerufen. Helmut und Jürgen gesellten sich noch dazu. Viele Alternativen gab es allerdings nicht.

Die Kämme der Dünenkette verliefen von Norden nach Süden. Da unsere Marschrichtung Ost – West war, mussten wir sie zwangsläufig voll nehmen. Das machte uns solche Schwierigkeiten. Wenn wir statt dessen nach Süden oder Norden gingen, könnten wir Kombinationen von Dünentälern folgen und würden viel schneller vorankommen. Der Weg nach Süden kam jedoch für mich nicht in Frage, denn es hätte das vorzeitige Ende der Expedition bedeutet. Ein Ausbrechen nach Norden, um nach Khara Khoto durchzustoßen, hätte mich zwar gereizt, aber damit wären wir unweigerlich in militärisches Sperrgebiet gekommen. Wir spielten den Gedanken durch, verwarfen ihn aber wieder. Es war einfach nicht zu verantworten, allein schon im Hinblick auf unsere mongolischen und chinesischen Begleiter, die schwer bestraft würden, wenn man uns aufgriff. So beschlossen wir, morgen mit neuem Elan unsere Route wieder aufzunehmen. Die Kamelführer versprachen, ihre Tiere auf einem direkteren Weg zu führen, und wir – Helmut und ich – wollten die Route mehr auf die Karawane abstimmen und eine für sie gangbare Spur vorlegen.

Der nächste Morgen brach kühl und wolkenverhangen an. Die Kamele hatten kaum noch etwas zum Fressen gefunden und wurden immer aggressiver. Sie wehrten sich beim Beladen durch wütende Schreie, und wenn man ihnen zu nahe kam, konnte man leicht einen Tritt abbekommen. Bei manchen hatte sich um das Maul ein grünlicher Schaum gebildet, der entsetzlich stank. Yue kam mit Orla, um mit mir zu sprechen.

»In zwei bis drei Tagen«, sagte er, »müssen die Kamele Wasser haben, sonst werden sie sterben.« Es klang so, als würde er vom

Wetter reden, als wäre er sich der Tragweite seiner Aussage gar nicht bewusst.

»Kennst du eine Wasserstelle?«, fragte ich ihn.

»Nein«, antwortete er mir kopfschüttelnd.

Ich musste den Fatalismus dieser Menschen bewundern. Sie hatten sich einer Gruppe von Fremden anvertraut und folgten ihnen wie Lemminge in eine Wüste, die sie selbst nicht kannten. Jetzt erwarteten sie wie selbstverständlich, dass ich für ihre Tiere das lebensnotwendige Wasser fand. Diesen Optimismus teilte ich zwar, aber mit den Maßnahmen, die ich traf, ging ich vom Schlimmsten aus, das uns passieren konnte – nämlich auf der gesamten Strecke kein Wasser zu finden. Als Erstes ließ ich die tägliche Wasserration um die Hälfte kürzen. Das war nur möglich, weil sich durch die ungewöhnlich kühlen Tagestemperaturen die Dehydration des Körpers in Grenzen hielt. Dann veranlasste ich, dass die Lasten der Kamele besser verteilt würden. Kamele, die oft stürzten, sollten keine Wasserkanister oder andere wichtige Ausrüstung tragen. Das nahm viel Zeit in Anspruch. Wie schon am Tag zuvor kamen wir auch heute erst spät los.

Die am Abend gefassten Vorsätze hielten nicht lange an, und auch der anfängliche Elan war schnell dahin, als sich vor uns immer größere Hindernisse aufbauten. Hinter jedem Dünenkamm, den wir überwanden, erhob sich ein neuer, noch höherer. Helmut und ich erstiegen Dutzende der hohen Sandberge, um der Karawane den besten Weg weisen zu können. Trotzdem kam diese nur sehr langsam voran. Immer wieder gab es Unterbrechungen, weil Lasten zu Boden fielen oder Tiere aus der Kolonne ausbrachen. So blieb auch an diesem Tag die Kilometerleistung weit hinter dem Soll zurück. Das allein bekümmerte uns wenig. Weitaus besorgniserregender war es, dass wir nirgendwo auch nur die geringste Spur von Wasser fanden, ja nicht einmal eine Idee hatten, in welcher

Richtung wir danach suchen sollten. Helmut entfaltete zum x-ten Male die Karte und drückte pausenlos an den Knöpfen seines GPS-Gerätes. Aber keine High-Tech-Ausrüstung konnte uns in diesem Augenblick helfen.

In der Nacht kam Jürgen zu unserem Zelt und erzählte aufgeregt, dass er eben über Kurzwelle die BBC-Meldung von einem weiteren Nukleartest der Chinesen empfangen habe. Wir hatten es bereits von unserem Messgerät abgelesen. Dort ließ der Atomversuch, der die dreifache Sprengkraft der Hiroshima-Bombe hatte, die Werte um das Vierfache hochschnellen – obwohl das Testgebiet Lop-Nor-Becken 1000 Kilometer weiter westlich lag.

Das Morgengrauen kam langsam. Zuerst erschien nur ein roter Streifen über dem östlichen Horizont, dann färbte sich der Himmel gelb, und schließlich stieg die Sonne hinter den Dünen auf. Allmählich erwachte auch das Lager. Als Erste krochen die Kamelführer aus ihren Zelten. Bald hatten sie ein Feuer in Gang gebracht. Dort saßen sie, in ihre dicken Mäntel gehüllt, zitternd vor Kälte, und bereiteten Tee. Der Morgenfrost hielt uns im Zelt. Während ich vom Schlafsack aus einen kleinen Kocher bediente, kümmerte sich Helmut um die Zutaten für das Frühstück. Es gab Müsli, Fladenbrot und Gemüse-Aufstrich. Erst als die ersten Sonnenstrahlen das Lager trafen, wurde es lebendig. Die Kamele erhoben sich und begannen nach Nahrung zu suchen. Aber die Wüste hatte längst alles pflanzliche Leben ausgelöscht. Was nicht der Sand begrub, verdorrte in der Sonne. Wenn wir nicht bald Wasser fanden, würde sie auch ihre eigenen Geschöpfe verzehren.

Weil die Kamele kein Futter fanden, marschierten wir heute früher als sonst los. Die Richtung, die bisher unseren Weg diktierte, hatte ihre Macht verloren. Auf der Suche nach Wasser irrten wir wie im Blindflug zwischen den Dünen umher. Die Kamele bewegten sich quälend langsam voran. Vom Durst gepeinigt, waren sie nur noch schwer zu bändigen. Aber die Wüste zeigte sich unerbittlich, sie schenkte uns an diesem Tag keinen Meter. Was wir nicht glauben wollten, trat ein. Der Sand formierte sich zu immer gewaltigeren Gebilden, die uns zu erdrücken drohten. Dazwischen klafften kraterförmige Löcher, von deren Rändern die Kamele abzustürzen drohten. Selbst dann, wenn wir mühsam einen Dünenkamm erreicht hatten, kam keine Freude mehr auf, weil der Ausblick uns der Hoffnung nach Wasser beraubte.

Die Dünen erreichten eine Höhe von 200–300 Metern und bauten sich in Stufen übereinander auf. Dazwischen gab es tief eingeschnittene, von Nord nach Süd verlaufende Täler, die wir queren mussten. Zu den vielen zusätzlichen Kilometern, die wir als Pfadfinder zurücklegten, kamen noch die Höhenmeter. Die Vision einer Oase trieb uns auf die höchsten Sandberge, um von dort Ausschau zu halten. Dabei stiegen wir mehrmals von 1400 m auf 1700 m auf – und wieder ab. So waren wir rechtschaffen müde, als wir lagerten. Trotzdem unternahmen wir noch den sinnlosen Versuch, nach Wasser zu graben. Schon deshalb sinnlos, weil sich die Stelle, die ich auswählte, in einem fünfzig Meter tiefen Loch befand, das wie ein Bombentrichter aussah, aus dem kein Kamel wieder herausgekommen wäre.

Mit Bator, Orla und Peter stieg ich zum Grund hinab. Unsere Hoffnung auf Wasser beruhte auf ein paar grünen Tamarisken, die sich gegen die Trockenheit behaupteten. In ihrer Nähe setzten wir den Spaten an. Obwohl wir uns bei der Arbeit abwechselten, waren wir bald schweißgebadet. Das blieb die einzige Flüssigkeit, die zum Vorschein kam. Je länger wir gruben, desto trockener wurde der Sand. In zwei Meter Tiefe gaben wir resigniert auf.

Das Damoklesschwert hing drohender denn je über der Karawane, als wir am Morgen aufbrachen. In ein bis zwei Tagen würden die ersten Kamele zusammenbrechen, und dann müssten auch wir

um unser Leben laufen. Alle meine Gedankenkräfte auf den retten-
den Brunnen konzentriert, lief ich voraus. Dabei folgte ich weniger
dem Kopf als einem Instinkt. Nicht der Kompass gab mehr die
Richtung vor, sondern ein inneres Gefühl. Helmut, der mir folgte,
mochte vielleicht glauben, ich sei verrückt geworden, bei all den
irrationalen Haken, die ich schlug, aber er nahm es widerspruchslos hin. Ich ging stundenlang wie in Trance, ohne mich umzuse-
hen, ohne mich darum zu kümmern, ob mir jemand folgte. Erst als
ich im Norden zwei weiße Flächen zwischen den Sandbergen auf-
leuchten sah, wachte ich auf. Die ausgetrockneten Salzseen sahen
wie Schneefelder aus.

»Ich bin sicher, dass wir bald Wasser finden werden«, sagte ich
zu Helmut während der Mittagsrast. Ein paar Stunden später trafen
wir auf Tierspuren, die sich im Laufe des Nachmittags häuften und
in eine bestimmte Richtung wiesen. Sie führten uns zunächst an
den Rand eines kreisrunden Talkessels, der sich zwischen hohen
Sandbergen gebildet hatte. Auf seinem Grund gab es wohl Pflanzen, deren meterlange Wurzeln an Wasser gekommen sein mussten, aber keinen Brunnen. So folgten wir den Fährten weiter talaus-
wärts. Wieder galt es eine Sandbarriere zu überqueren, die das Tal
in seiner ganzen Breite abriegelte. Als wir das Hindernis überwunden hatten, standen wir vor einem weiteren »Kraterloch«. Wie ein
weißes Riesenauge leuchtete in seinem Inneren ein ausgetrockne-
ter Salzsee. Nur Wasser suchten wir auch hier vergebens. Obwohl
das Tal uns nach Süden drängte, also entgegen unserer Marschrichtung, folgten wir ihm weiter. Abermals baute sich ein Dünen-
wall vor uns auf, den die erschöpften Kamele nur in Etappen bewäl-
tigten.

Dem trostlosen Bild der Karawane den Rücken kehrend, spurte
ich voraus. Da sah ich einen Vogel, der sich vor mir erhob. Nach
wenigen Flügelschlägen landete er wieder auf der Sandoberfläche,

um erneut ein Stück vorauszufliegen, wenn ich mich ihm wieder
näherte. Der Vogel war für mich Symbol für das Leben. Und wo es
Leben gab, gab es auch Wasser. Dem Wunder seiner Erscheinung
folgte ein zweites. Unvermittelt brach die Düne vor mir ab, und ich
blickte auf das funkelnde Juwel eines Sees, eingefasst von einem
Pflanzensaum wie grüne Jade. Voll Dankbarkeit stieg ich Schritt für
Schritt in das Leben hinunter.

Sogar ein Haus gab es in der winzigen Oase, obwohl die über-
mächtigen Sandberge ringsum es schon beim nächsten Sturm zu
begraben drohten. Die Bewohner starrten uns entgeistert entgegen, als kämen wir von einem anderen Stern. »Ausländer waren
hier noch nie«, gestand der Hausherr Gao. Er konnte es kaum
fassen, dass der Fremdling seine Sprache verstand, und ließ Jürgen
nicht mehr los. Sobald den Kamelen die Lasten abgenommen waren, wurden sie an den Brunnen der Familie Gao zur Tränke geführt. Dann machten sie sich über all des Futter her, das sie seit
Tagen entbehrten und das die Oase ihnen nun reichlich bot.

Gefangen in der Wüste der Wüsten

Obwohl nun die Kamele gestärkt waren, wurde der Ausstieg aus
dem Talkessel zum Desaster. Die 600 Meter hohe abschüssige
Sandflanke, die den einzig möglichen Weiterweg eröffnete, bot den
Tieren zunächst wenig Schwierigkeiten. Beim letzten Steilstück,
knapp unterhalb des Dünengrates, stürzten fünf Kamele zu Boden
und rührten sich vor Angst nicht mehr von der Stelle. Die Treiber
zerrten an den blutigen Nasenstricken und droschen mit ihren Stö-
cken auf die Hinterteile der verängstigten Tiere. Aber sie hätten
sich eher totschlagen lassen, als dass sie aufstanden – nicht einmal
ein Feuer aus Reisig, das die Mongolen unter ihrem Hintern ent-
zündeten, brachte sie auf die Beine. Niemals werde ich die Schreie
der gepeinigten Kreaturen vergessen können. Ich befahl Yue, mit

der sinnlosen Tortur aufzuhören, aber er schleuderte mir nur einen wilden Fluch entgegen. Allmählich sahen auch die Kameltreiber ein, dass sie mit roher Gewalt nicht weiterkamen. Die gestürzten Kamele wurden abgeladen und durch Zureden wieder auf die Beine gebracht. In der Zwischenzeit hatte Orla mit der Schaufel einen Pfad gegraben, auf dem sie über den Dünenkamm geführt wurden. Die abgeworfenen Wasserkanister ließ ich auskippen. Was nützte uns das viele Wasser, wenn wir nicht von der Stelle kamen.

Zuletzt war nur noch ein weißes Kamel übrig, das trotz aller Bemühungen nicht aufgestanden war. Vier Männer schoben seinen massigen Körper über die Sandfläche abwärts. Wenn auch dieser Versuch scheiterte, mussten wir es zurücklassen. An einer Mulde im Hang kam es schließlich auf die Beine. Behutsam wurde es über die ausgetretenen Serpentinen hinaufgeführt. Aber unmittelbar vor dem Dünengrat legte es sich vor Angst zu Boden. Die Kameltreiber versuchten nun, das Tier mit vereinten Kräften über die letzten Meter zu ziehen und zu schieben. Es misslang. Noch zwei weitere Versuche waren notwendig, bis die Karawane wieder vollzählig war, und es wurde Nachmittag, bis wir von der Unglücksstelle fortkamen.

»Ihr solltet lieber bei der Karawane bleiben und einen besseren Weg suchen«, schnauzte uns Jürgen an.

»Wenn du einen besseren Weg findest, dann geh voraus – dort ist die Wüste.«

»Es ist deine Aufgabe.«

»Jetzt nicht mehr!«, antwortete ich verärgert und ließ ihn stehen.

Es war diese unerträgliche Besserwisserei, die mich erzürnte. Selbst keinerlei Verantwortung zu übernehmen, aber hinterher alles zu kritisieren, war allzu billig. Jetzt sollte Jürgen beweisen, dass er es besser machte. Aber dazu fehlte ihm die Courage. Er schickte Orla voran. Die Karawane glich einem Haufen von Schiffbrüchigen, die ziellos durch das Dünenmeer trieben. Als sie sich entschlossen zu lagern, hatten sie sieben Kilometer geschafft. Die Stimmung sank auf einen Tiefpunkt. Die Gewitterstimmung in der Gruppe spiegelte sich am Himmel wider. Wir waren gerade mit dem Aufstellen der Zelte fertig, da setzte ohne Vorwarnung ein Sandsturm ein. Ein mächtiger Windstoß fegte durch das Lager, Funken stoben vom Feuer zu den Zelten.

»Macht das Feuer aus«, schrie ich, »und haltet eure Zelte fest.«

Keines der Zelte war fest verankert. Womit auch? Im weichen Sand gab es keinen Halt. Zum Glück hielt das Gewicht der darin deponierten Ausrüstung dem ersten Windstoß stand. Kaum waren wir in die Zelte gekrochen und hatten die Reißverschlüsse zugezogen, ging das Inferno los. Wie Hagelkörner prasselte der Sand gegen die Zeltwände, die zu zerreißen drohten. Wir saßen aufrecht im Zelt und hielten die Zeltstangen fest, die sich im Sturm verbogen. Blitze zuckten vom Himmel und beleuchteten eine gespenstische Szenerie. Feiner Staub drang durch Nähte und Reißverschlüsse in das Zeltinnere und machte das Atmen schwer. Am Morgen lag eine dicke Staubschicht auf den Schlafsäcken.

Orla und Peter baten uns, wieder die Führung zu übernehmen. Wir waren dazu bereit, aber nur, wenn die Karawane bedingungslos unserer Spur folgte. Außerdem verlangten wir, von nun an eine Stunde früher aufzubrechen und mindestens acht Stunden zu marschieren. Wir legten uns auch eine neue Taktik zurecht. Damit die Karawane nicht anzuhalten brauchte, wollten wir parallel den Weg voraus erkunden und uns durch Zeichen darauf verständigen, wem von uns beiden die Karawane zu folgen habe. Mit dieser Doppelführung hofften wir zu verhindern, dass wir in einer »Sackgasse« umkehren mussten und dadurch wertvolle Zeit verloren.

Wie richtig diese Maßnahme war, zeigte sich in den nächsten Tagen. Was wir da erlebten, überstieg unsere Vorstellungskraft und ließ uns zweifeln, ob wir uns überhaupt noch auf diesem Planeten befanden. Voll Staunen bewegten wir uns durch eine Dünenlandschaft, die alle Maßstäbe sprengte. Wir kamen uns wie Zwerge vor, hineinversetzt in eine Welt, in der sich die Relationen verschoben. Das waren keine Dünen mehr, denen wir gegenüberstanden, sondern ganze Gebirge, mit allen Attributen – mit Wänden und Flanken, messerscharfen Graten, Abbrüchen, tief eingekerbten Canyons und Schluchten. In keiner anderen Wüste hatte ich ähnliches gesehen. Der Ring gigantischer Sandberge hatte sich so fest um uns geschlossen, dass kein Widerstand mehr gegen die Wüste aufkam. Es schien kein Entrinnen mehr zu geben. Wir waren gefangen in einem Himalaya aus Sand.

Spätestens jetzt wurde die Ausgesetztheit für jeden erfahrbar. Vor allem aber wurde uns klar, dass die vorher kalkulierte Fluchtroute nach Süden nur eine Illusion war. Das erzeugte Ängste, und diese manifestierten sich in Aggression. In der Gruppe gärte es, bisher schwelende Konflikte brachen offen aus. Christof, der Kameramann, weigerte sich, mit Lilo weiterzuarbeiten.

»Sie versteht nichts vom Film«, hatte er mir schon vor ein paar Tagen gestanden.

Seitdem hatte ich die Regie übernommen. Lilo war nur noch mit sich selbst beschäftigt. Hölzern stapfte sie der Karawane hinterher. Unfähig sich anzupassen, blieb sie stets Fremde, Außenstehende, ausgegrenzt.

Wenn sich Menschen einer solchen Situation aussetzen, ist von vornherein klar, dass die Gruppendynamik eine andere sein wird als am Stammtisch daheim. Der wesentliche Unterschied besteht darin, dass man sich hier in eine Lage manövriert hat, aus der man nicht mehr flüchten kann, weder vor sich selbst noch vor den anderen. Auch lässt sich die übliche Maskerade nicht mehr aufrechterhalten, die man sich zugelegt hat, aus Angst, die eigene Wahrheit zu leben. Hier findet das gestylte Image keinen Nährboden mehr, und angelernte Rollen, seien sie noch so gekonnt, lassen sich nicht mehr weiterspielen. Ich habe diese Erfahrung nie gescheut und deshalb immer wieder Partner mitgenommen, die ich vorher kaum kannte, weil ich Konflikte als Chance begriff, als Möglichkeit, durch den »Spiegel« des anderen etwas über mich selbst zu lernen.

Helmut und ich harmonierten als Duo prächtig. Unseren psychischen Striptease hatten wir schon hinter uns. Im Laufe vieler gemeinsamer Unternehmungen hatten wir gelernt, jeweils den anderen zu akzeptieren, wie er war, und einander zu vertrauen. An den Schwierigkeiten gewachsen, war er nun zu einer starken Form aufgelaufen. Das war auch nötig, denn die ungewöhnlich hohen Sandberge blieben weiterhin die große Herausforderung.

Am 12. Oktober hatten wir in zwei Marschstunden knapp zwei Kilometer zurückgelegt. Knapp vor Mittag, wir querten gerade eine heikle Passage, warfen zwei Kamele ihre Lasten ab. Das eine rannte schreiend und in wilden Sprüngen den Steilhang hinunter. Die Last zog es im Sand hinter sich her. Christof, der vorausgelaufen war, konnte den Amoklauf des Tieres durch seinen mutigen Einsatz stoppen. Das andere Kamel war in die Wüste geflohen. Yue bestieg sein Reitkamel, um es wieder einzufangen. Der erste Versuch scheiterte, weil das Reitkamel viel zu lahm war. Erst mit einem anderen Kamel, das abgeladen werden musste, gelang es, das entflohene Wüstenschiff einzufangen. Eine Stunde später war die Karawane wieder abmarschbereit.

Vollkommen unberührt spannte sich das Königreich des Sandes vor uns auf – mit Häusern, Bastionen und Schlössern, deren Formen sich ständig wandelten. Das mythische Reich Shambhala, das alte tibetische Quellen verherrlichen, wurde in der Gobi angesiedelt. Vielleicht trifft das wirklich zu. Die Wüste draußen ist der Schlüssel für die Schatzkammer drinnen.

Unser Weg durch das Sandmeer glich einer Odyssee. Wir folgten keiner gekennzeichneten Route, hinterließen keine Spuren und nahmen nur unsere eigenen Erfahrungen mit. Doch verschieden wie wir Menschen sind die Ebenen des Erlebens. Jürgen empfand es als beklemmend, wenn er sich von der Karawane so weit entfernt hatte, dass er nichts mehr von ihr sah und hörte. Er floh vor der Stille und vor sich selbst zurück zur Gruppe, um dort durch laute Geschwätzigkeit weiter zu flüchten – vor der Gegenwart der Wüste.

Ich genoss den Freiraum, den die Wüste mir bot, und verbrachte viel Zeit allein, nur um zu sein. Es war wohltuend, dass kein sinnloser Lärm störte und meine Gedanken unterbrach.

An diesem Nachmittag war ich weit vorausgelaufen und wartete hoch oben auf einer Dünenspitze, bis die Karawane auftauchte. Die Sonne im Westen stand schon sehr tief, und ich lauschte angestrengt auf das vertraute Geräusch der Glocke, die das Herannahen ankündigte. Aber der Sandberg war zu hoch, um die Karawane zu hören, so nahm ich sie erst wahr, als sie bereits in das Tal zu meinen Füßen eingebogen war. Ihr Anblick machte mich staunen. Die stattliche Karawane sah von oben wie eine winzige Ameisenkolonne aus, die sich über den Boden wand. Sie ließ mich die ungeheure Dimension dieser Landschaft ermessen, von der niemand zuvor eine Ahnung hatte. Den Sandberg, auf dem ich mich befand, schätzte ich auf mindestens dreihundert Meter Höhe.

Ich beobachtete, wie sich die Karawane schlangengleich fortbewegte. Bald würde sie in den Schatten der Düne kommen, dann musste sie noch einen breiten Rücken überqueren. Ich konnte von oben ihren Weg genau erkennen und noch viel weiter sehen, während ihr Horizont den Gesichtskreis eng begrenzte. So ahnte noch niemand etwas von jenem Wunder, das sich hinter dem nächsten Sandberg verbarg. Dort enthüllte sich meinem staunenden Auge die unglaublichste Erscheinung, die ich in einer Wüste je sah.

Inmitten der Extremwüste leuchtete ein See im dunkelsten Blau. Er hatte die Form einer Sonne und war umgeben von einem schmalen Rand aus grünem Schilfgras. Unvermittelt stürzten die Sanddünen von allen Seiten in den See und spiegelten sich auf seiner glatten Oberfläche. Dort unten sah ich die Stelle, an der die Karawane lagern würde. Wie festgeklebt auf einer Leimrute bewegte sie sich darauf zu. Als sie ankam, stieg ich zu ihr ab.

Am nächsten Morgen wurden wir schon früh geweckt. Eine Schar von Wildenten war eingeflogen, und ihr Geschnatter trieb mich gerade rechtzeitig aus dem Zelt, um den Anbruch des neuen Tages vom Ufer des Sees aus zu erleben. Kein Windhauch kräuselte die Oberfläche, auf der sich die gerundeten Formen der Dünen abzeichneten. Das weiche Morgenlicht verlieh ihnen surreale plastische Formen. Auch die Karawane, die am Ufer entlang zog, erschien doppelt: real und als Spiegelbild ihrer selbst.

Der gefürchtete Ausstieg aus dem Kessel verlief ohne Probleme. Die Kamele gewöhnten sich allmählich an das ausgesetzte Gelände, und auch die Führer waren im Umgang mit den Tieren sicherer geworden. Noch vor ein paar Tagen hätte die Karawane solche Passagen nicht gemeistert.

Wir versuchten weiterhin, einen direkten Kurs nach Westen zu steuern, aber die gewaltigen Sandformationen drängten uns immer weiter nach Süden ab. Trotz enormer Anstrengungen schafften wir in den letzten Tagen die angepeilten 15 Mindestkilometer nicht. Die Unübersichtlichkeit des Geländes zwang uns zu immer ausgedehnteren Erkundungen. Oft liefen wir kilometerweit voraus, um auszuloten, ob es dahinter einen Weiterweg für die Karawane gab. Trotzdem landeten wir an diesem Tag in einer Sackgasse.

Wir hatten zum x-ten Mal eines der unangenehmen Nord-Süd-Täler gequert und waren bereits bis unter die Kammlinie des gegenüberliegenden Dünenzuges aufgestiegen, als das Gelände so schwierig wurde, dass wir die Karawane auf halber Höhe anhalten ließen. Fieberhaft suchten wir nach einer Schwachstelle. Aber die scharfen Grate, die Abbrüche und Krater, die sich vor uns auftaten, waren für die beladenen Kamele unüberwindbar.

»Stopp!«, rief ich den Wartenden zu und hielt die gekreuzten Skistöcke hoch – das vereinbarte Zeichen, dass es keinen Weg gab. Da blieb nur der Rückzug. Da auch das Tal durch steile Dünenabbrüche versperrt war, mussten wir die gegenüberliegende Talseite, von der wir gekommen waren, wieder aufsteigen. Aber auch dort fand sich erst nach langem Suchen eine gangbare Passage. Das ganze Tal war von gigantischen Sandmassen gefüllt, die sich wie ein Gletscher vorwärts wälzten und dabei unzählige Furchen und Wellen bildeten, die wie verdeckte Spalten aussahen. Dazwischen gab es kraterähnliche Löcher von mehreren hundert Metern Tiefe und bis zu zwei Kilometer Durchmesser. »Sandkiste des Teufels« hatte Jürgen diesen Teil der Wüste in seiner Reportage genannt. Mir war es ein himmlisches Vergnügen, darin unterwegs zu sein.

Am nächsten Tag erreichten wir einen Talkessel, der aussah, als wäre er mit Schnee gefüllt. Sonne und Wasser zogen das Salz aus dem Boden und lagerten es als dicke weiße Kruste an der Oberfläche ab. Der Abstieg in das tiefe Loch war so steil, dass Orla voranlief, um mit der Schaufel einen Pfad zu graben, an dem die Kamele hinuntergeführt wurden. Erst unten ließ sich das weiße Baumwollzelt erkennen, das einer Familie aus Gansu als Unterkunft diente, die hier im Sommer Salz gewann. Im Herbst beladen sie ihre Tiere damit und ziehen in die nächste Oase nach Süden, um es dort zu verkaufen.

Nach der Salzquelle wurde das Gelände einfacher. Die Landschaft wurde weiter und übersichtlicher. Es schien, als würden die Sandberge niedriger, der Ring um uns lockerer. Zum ersten Mal seit Betreten der Sandzone schafften wir 15 Kilometer. Grund zur

Freude hätte es also gegeben – dass dennoch keine aufkam, lag an unseren Kommunikationsstörungen. Im Zelt von Christof und Frank hatte sich das Schweigen der Wüste ausgebreitet. Lilo stellte ihr Zelt außer Rufweite auf, und auch zwischen mir und Jürgen herrschte seit einiger Zeit Funkstille.

Dem Ziel entgegen!

Unser Lagerplatz befand sich am nordöstlichen Rand einer ausgeprägten Senke, die sich in Richtung Südwesten erstreckte. Seit der Salzquelle befanden wir uns wieder auf einem Terrain, über das unsere Karte Daten liefert. Um ihre Genauigkeit zu überprüfen, hatten wir den Punkt unseres Lagerplatzes mit Hilfe des GPS anvisiert. Gemeinsam besprachen wir den Kurs, den wir an diesem Tag gehen wollten, und daraufhin gab Helmut die Navigationsdaten in das Gerät ein.

Als wir an diesem Morgen losmarschierten, hatten wir erst die Hälfte unseres Weges zum Ziel zurückgelegt; drei Tage später trennten uns davon nur noch 100 Kilometer. Zwar mussten wir weiterhin durch Dünen marschieren, aber sie erreichten bei weitem nicht mehr die Dimension von vorher, und durch die wenigen heiklen Passagen navigierten wir auf dem mittels der Karte vorbereiteten Kurs. Fast einen ganzen Tag lang folgten wir einer lang gezogenen Senke, die uns wieder in Dünengelände führte. Die zwei bis drei Meter hohen Sandwellen erinnerten an Meereswogen, in denen die Wüstenschiffe auf- und abtauchten.

Weil es nirgendwo für sie Futter gab, wurden sie abends gruppenweise am Lagerplatz angebunden. In der Nacht kam starker Wind auf, dann begann es zu regnen, und später fiel Schnee. Als wir am Morgen aus den Zelten krochen, schlug uns eisige Kälte entgegen. Tief verschneit zeichnete sich das Alashan-Gebirge am südlichen Horizont ab. In der klaren Luft erschien es trotz seiner

Entfernung zum Greifen nahe. Der Wetter- und Temperatursturz hatte den nahenden Winter angekündigt. Den ganzen Tag über blies uns ein kalter Wind von Nordwesten her ins Gesicht. Selbst um die Mittagszeit stiegen die Temperaturen nur wenig über Null an. Die geringere physische Anstrengung und vor allem die Aussicht auf das nahende Ziel nahmen auch die Spannung aus der Gruppe. Ich laufe mit Jürgen im Gleichschritt, und wir reden uns dabei den gegenseitigen Ärger von der Seele.

»Lass uns den Frust, der in der Wüste entstand«, sagte er abschließend, »auch dort lassen.« Er streckte mir versöhnlich die Hand hin, die ich gerne ergriff.

Am Nachmittag des 18. Oktober erreichten wir das versandete Bett eines ausgetrockneten Flusses. Die Sanddünen hatten wir schon vor Mittag zurückgelassen und waren stundenlang über eine flache Steinwüste gelaufen. Obwohl es noch früh war, entschlossen wir uns, hier zu lagern, denn die Umgebung bot den Kamelen reichlich Nahrung.

Nicht weit von unserem Lagerplatz verschwand das Wadi in einem nackten Felsgebirge. Das war der Punkt, den wir auf keinen Fall verfehlen durften und auf den wir seit Tagen hinnavigierten. Dort lag der Schlüssel für das Tor zu unserem Ziel. Das ausgetrocknete Flussbett eröffnete der Karawane den einzigen sichern Weg, zugleich den direktesten, denn es verlief genau in unserer Marschrichtung – von Osten nach Westen.

In der Gruppe wurde nun viel gesprochen – vor allem über die Zukunft. Da wurden Pläne geschmiedet, Politik gemacht, an Beijing und Berlin gedacht. Ich wollte davon nichts hören, denn ich hatte mich an den Rhythmus von Gehen und Denken gewöhnt. Ich hatte kein Bedürfnis nach Neuigkeiten und Smalltalk – jedenfalls noch nicht. Wenn schon dieser Zustand bald zu Ende war, dann wollte ich ihn wenigstens auskosten, bis zur letzten Minute.

Den ganzen nächsten Tag über folgten wir dem versandeten Flusstal westwärts, das zunehmend breiter wurde. Schließlich traten die Felsberge zurück und gaben eine endlose Dornbuschsteppe frei. Hier schlugen wir unser Lager auf.

Es war Vollmond. Die Sonne war kaum hinter dem waagrechten Horizont verschwunden, da zog der Mond, von der Sonne rot eingefärbt, auf der anderen Seite hoch. Der Himmel aber zeigte ein Blau wie das eines Lapislazuli, das allmählich immer dunkler wurde und in Schwarz überging. Die Temperaturen sanken tief unter den Gefrierpunkt; alles Wasser erstarrte zu Eis. In der Nacht setzte Wind ein, der sich am Morgen zum Sturm steigerte. Wie Nebelschwaden trieb der Sturm die Sandkörner über die Oberfläche. Den ganzen Tag liefen wir gegen den Sandsturm und den hereinbrechenden Winter. Vermummt wie Tuareg, die Augen zu Sehschlitzen zusammengekniffen, taumelten wir wie Blinde vorwärts. Am westlichen Rand der Dornbuschsteppe schlugen wir unser Lager auf – mitten im tobenden Sturm. Die Zelte füllten sich beim Aufstellen mit Sand, aber er war auch sonst überall – in der Kleidung, den Schuhen, im Essen ...

Erst am Morgen flaute der Sturm ab, und die Wüste verwöhnte uns wie zum Abschied mit einem herrlich warmen, windstillen Tag. Der Steppe folgte wieder Sand, zuerst flach, dann gewellt und schließlich zu Dünen aufgetürmt. An deren Ausläufer trafen wir eine Mongolin hoch zu Kamel. Mit einer Hand hielt sie die Zügel, während sie mit der anderen ein Tuch auf Mund und Nase presste. Wohl nicht unseretwegen, hofften wir. Das wäre übertrieben, nach 23 Tagen ohne Waschen konnten wir doch nicht so stinken – oder?

Wenigstens die Dünen zeigten uns ihr schönstes Gesicht. Sie waren wie aus dem Bilderbuch, so wie man sie sich vorstellte, mit weiblich gerundeten Formen, rassigen Linien, verlockend.

In weiten Serpentinen schraubte sich die Karawane den Dünenkamm hinauf. Wie immer spurte ich mit Helmut voraus. Dann querten wir zu einem breiten Sattel hinaus. Als wir die höchste Stelle erreichten, blickten wir auf eine weite Ebene hinunter. An ihrem westlichen Rand erkannten wir zwei Häuser, dahinter das schmale Band der Straße, ein Auto, das eine Staubfahne hinter sich herzog. Das war unser Ziel, irgendwo dort musste man uns erwarten. Wir drückten uns stumm die Hände, und als die Karawane herannahte, suchten wir einen geeigneten Platz für das Nachtlager.

Ich fühlte eine unbestimmte Traurigkeit, als ich am nächsten Morgen in die Ebene hinauszog. Mir war, als würde ich mit wenigen Schritten eine unsichtbare Grenze durchbrechen, herausfallen aus einem Daseinszustand, der mich ganz erfüllte. Etwas Einmaliges, Unwiederholbares ging damit zu Ende. Ich wollte mich dagegen wehren, das Gefühl des Eins-Seins mit mir und der Welt konservieren, um in dieser Heimat weiterzuleben.

Da standen plötzlich Menschen vor mir, die ich nicht kannte. Sie trugen Sakkos und Schlipse. Ich wollte einfach weitergehen, aber sie stellten sich mir in den Weg, schüttelten meine Hände und – steckten mir ihre Visitenkarten zu. Allmählich dämmerte es mir. Wir waren am Ziel, zurück in der Welt des Scheins – zurück im Leben.

Die aus der Steppe kamen

Aufstieg und Fall des mongolischen Weltreichs

Ende des 11. Jahrhunderts Das erste Mongolenreich entsteht: Der Mongolenclan »Bordchigid« (die Wildentenleute) breitet seine Vorherrschaft über Familien, Clane und Stämme auf die Region zwischen den Flüssen Onon und Kerülen im Nordosten der heutigen Mongolischen Volksrepublik aus.

Ende des 12. Jahrhunderts Nach vier Klanherrschaften aus dem Bordchigid-Clan wird das Mongolenreich durch äußere und innere Einflüsse brüchig. Die inneren Auseinandersetzungen zwischen den Bordchigid, die Grassteppennomaden waren, und den Taitchiut-Stämmen, die Waldvölker waren, bringen eine gesellschaftliche Neuordnung. Der Name Mongolenreich wird ersetzt durch Taitchiut-Bordchigid, denn die Taitchiut hatten nun die Vormachtstellung.

1175 Der letzte »Held«, der den früheren Khan zum Teil ersetzte, der Bordchigid »Yisügei«, fällt einem Mordanschlag der Tataren zum Opfer. Die tapfere Witwe, Hö'elün, erzieht ihren ältesten Sohn, Temudschin, nach alter Herrschertradition und macht ihn glauben, er sei der rechtmäßige Khan. Durch zahlreiche militärische Erfolge gelangt Temudschin zu hohem Ansehen beim Volk.

Ab 1185 Die einfachen Clan- und Stammesverwandten schließen sich Temudschin aufgrund seiner militärischen Erfolge und seiner persönlichen Handlungsweise freiwillig als Gefolgsleute an. Die neue Temudschin-Gesellschaft legt keinen Wert auf alte Hierarchien, sondern lässt die Gefolgsleute nach Leistung und Verdienst zu Ansehen und Stellung gelangen.

1186/87 Gegen Temudschins neue Ordnung bildet sich eine Liga aus hochgestellten Stammesangehörigen der Taitchiut, Bordchigid und Chamukha. Bei Dalan Balchut kommt es zur Entscheidungsschlacht. Temudschin und seine Anhänger unterliegen der Liga, Temudschin flüchtet in den benachbarten Chin-Staat.

1196 Temudschin kehrt in die Steppe zurück und findet eine zerrüttete Hierarchie vor, in der es ihm glückt, eine neue Gefolgschaft aufzubauen. Mit Hilfe dieser Anhängerschaft überfällt Temudschin die Tatar-Völkerschaft erstmals erfolgreich. Sein Ansehen wächst, und er beseitigt die letzten Herrscher der Bordchigid-Aristokratie.

1202 Der neue Herrscher, der später als Dschingis Khan bekannt wird, rüstet zum erneuten Feldzug gegen die Tataren. Dazu bringt er seiner Gefolgschaft ein neues Kriegs- und Beutegesetz bei: Ziel des Angriffs ist der völlige Sieg über den Feind. Die Kriegsbeute wird von Temudschin eigenhändig nach Verdienst und Leistung verteilt. Die neue Völkergemeinschaft unter dem Herrscher Temudschin besiegt die Tataren und bezeichnet sich daraufhin als Abschreckung gegen den Chin-Staat selbst als Tatar (Tataren).

1204 Feldzug Temudschin gegen die Naiman, Völkerschaft im östlichen Zentralasien. Temudschin führt eine Art Wehrordnung ein; er teilt seine Gefolgsleute in Tausend-, Hundert- und Zehnschaften ein. Zudem etabliert der siegreiche Mongolenherrscher eine Leibgarde sowie eine Kerntruppe aus tausend Mann, die im Krieg vor ihm kämpfen. Von den Naiman übernehmen die Mongolen das uigurische Alphabet, das sie bis in unsere Zeit hinein verwendeten.

1206 Nachdem Temudschin auch seinen früheren Schwurbruder und Rivalen Chamukha bezwungen hat, gibt ihm das Nomadenvolk, an der Quelle des Onon versammelt, den Titel Dschingis Khan. Der neue große Herrscher der Steppe behält seine Wehrordnung bei, die von den Prinzipien Fürsorge und Loyalität getragen wird. Gruppen, die sich Dschingis Khan ohne Widerstand anschließen, können ihre eigene Gesellschaftsordnung behalten. Gruppen, die sich ihm widersetzen, werden auf verschiedene Einheiten, ohne Rücksicht auf Familienordnungen, verteilt. Ansehen und Stellung beruhen weiterhin auf Verdienst und Leistung, nur der Clan der Dschingisiden ist in der neuen mongolischen Gesellschaft herkunftshierarchisch strukturiert. Die Gesellschaft unter Dschingis Khan bezeichnet sich als »Mongol« oder »Mongolchin«. Aus verschiedensten Ethnien und Sprachgruppen künstlich geschaffen, war also nunmehr die Gesellschaft der Mongolen entstanden.

1209 Viele benachbarte Stämme folgen Dschingis Khan, und so wird das Mongolenreich immer größer und auch menschenreicher. Dschingis Khan muss, um den Bestand der neuen Gesellschaftsordnung zu erhalten, für Zufriedenheit unter den Gefolgsleuten sorgen. In dieser Zeit steht es allerdings schlecht um die Versorgungslage der Mongolen. Der Viehbestand ist stark zurückgegangen. Und so kommt es 1209 zum Großangriff gegen das Reich der Tanguten, das aus Ackerbauern, Viehzüchtern und Händlern aus einer Mischbevölkerung von Tanguten, Tibetern, Gelbuiguren und Chinesen bestand. Die Beute war allerdings nur gering.

1211 Dschingis Khan muss seine Gefolgschaft weiter auf Beutezug führen, damit die Idee der Dschingisiden, durch militärische Erfolge Verdienste zu erlangen, weiterbestehen kann. So führt er sein Gefolge in den Krieg gegen den Chin-Staat. Der Feldzug dauert Jahre, und die Mongolen haben viele Rückschläge wegzustecken. Während dieses Krieges wird Dschingis Khan selbst schwer verletzt und ist ein Jahr lang außer Gefecht gesetzt.

1215 Die Mongolen erobern die nördliche Hauptstadt des Chin-Staates, Peking. Wegen der guten Aufstiegschancen im mongolischen Heer schließen sich viele unzufriedene Untertanen des Chin-Staates den Mongolen an.

1218 Im Reich des Schahs (König) von Choresm (ca. 900 bis 1231) wird eine mongolische Handelskarawane wegen Spionageverdachts niedergemetzelt. Dschingis Khan ruft daraufhin den Krieg gegen das Choresm-Reich aus. Der Feldzug dauert Jahre, ist aber für die Mongolen sehr erfolgreich, denn auch hier schließen sich unzufriedene Untertanen des Schahs den Feinden an. Der Choresm-Schah muss fliehen. Sein Sohn, der sich nunmehr Sultan nennt, kann allerdings eine Schlacht gegen die Mongolen gewinnen.

1223 Dschingis Khan überträgt die weitere Eroberung des Choresm-Reiches seinen Söhnen und kehrt aus den im Westen neu eroberten Gebieten in das mongolische Kernland zurück. Dort kämpft Dschingis Khan unerbittlich weiter gegen die wieder aufsässig gewordenen Tanguten.

1227 Der große Dschingis Khan stirbt sechzigjährig während des Feldzugs gegen die Tanguten an einer fieberhaften Erkrankung. Durch seine neu eingeführte Gesellschaftsordnung, die vor allem die unteren Schichten nach Leistung belohnt und ihnen so Aufstiegsmöglichkeiten bietet, gelingt es dem Khan, ein erfolgreiches Heer und ein mächtiges Mongolenreich zu bilden. So geschieht es leider auch, dass dem Steppenvolk viele blühende Kulturen zum Opfer fallen.

1229 Dschingis Khans jüngster Sohn, Tolui, soll nach dem Erbrecht des Letztgeborenen Nachfolger seines Vaters werden. Doch die bereits 1218 gefällte Entscheidung, Ögodei zum Herrscher zu machen, wird durchgesetzt; Tolui übernimmt nun die Regentschaft, Ögodei wird der neue Khan, nennt sich aber Khagan (Großherrscher). Den Titel Khan tragen nunmehr die anderen Söhne des Dschingis Khan, die über Teilreiche des großen Mongolenreichs herrschen.

1229 Die Eroberungszüge der Mongolen gehen weiter. Der neue Großherrscher Ögodei zieht gegen die Kiptchaker in den Krieg. Die Mongolen müssen 1223 am südrussischen Fluss Kalka eine Niederlage gegen russische Fürstenarmeen einstecken. Zum ersten Mal begegnen sich somit Mongolen und Europäer.

1234 Die Mongolen besiegen den Chin-Staat endgültig. Ögodeis Herrschaft weitet sich auf Armenien und Korea aus.

1235 Ögodei führt die Idee seines Vaters Dschingis Khan – ein Großstaat mit Verwaltung – fort. Karakorum, die Hauptstadt des Mongolenreichs, wird durch einen Wall befestigt. Steuerwesen, Poststationen, Staatsspeicher, Wasser- und Lebensmittelversorgung werden ausgebaut.

1240 Während des Europafeldzugs der Mongolen wird nach Rjasan, Kolomna, Moskau, Wladimir, Susdal, Rostow, Twer auch Kiew – »die Mutter der russischen Städte« – erobert. Die Mongolen greifen auch Polen an. Das Heer der Mongolen teilt sich und besiegt so taktisch auch die ungarischen Truppen.

1241 Der Großkhan Ögodei stirbt in Karakorum. Um die Nachfolge erzürnt sich die Herrscherlinie. Vorerst schafft es die Witwe Töregene, als Regentin in die Fußstapfen ihres Mannes zu treten. Der Tod des Tolui verhindert im letzten Augenblick den Beginn eines dschingisidischen Clankrieges um die Nachfolge.

1251 Als Nachfolger Ögodeis wird auf dem Reichstag der älteste Sohn des Tolui vorgeschlagen. Möngke wird noch im selben Jahr in Karakorum zum Großkhan erhoben.

1259 Der letzte offiziell ernannte Großkhan Möngke stirbt. Von nun an zerteilt der Streit die Hierarchie um die Nachfolge das Mongolenreich in Teilreiche. Das Problem der Herkunftshierarchie im Kreise der Nachfolger Dschingis Khans zersetzt das Großreich der Mongolen von oben. Es bilden sich vier Khanate (Teilreiche):

- das Khanat Kiptchak (von Südostrussland über das Gebiet der westlichen russischen Fürsten und das Kaukasusgebiet bis Ostanatolien bis hin zum Aralsee im Osten),
- das Khanat Chagatai (das gesamte Siebenstromland über den Nordosten Afghanistans bis nach Mittelasien),
- das Zentralkhanat (von Ostsinkiang über Tibet, die Mongolische Volksrepublik, Transbaikalien, Mandschurei bis zur Grenze Koreas; die Innere Mongolei; das mongolische Südgebiet),
- das Ilkhanat (vom Schwarzen Meer bis östlich des Kaspischen Meeres zum Aralsee bis zum Indischen Ozean, Teile Iraks und Syriens).

Xixia – Das Reich der Tanguten

3. Jahrhundert v. Chr. Im Nordwesten und Westen des heutigen China lassen sich die Nachkommen des Volkes Qiang nieder. Sie selbst bezeichnen sich als Mi oder Minia, die Chinesen nennen sie Dangxiang, die Tibeter sprechen von den Minyag, und die alten Turkvölker und späteren Mongolen schließlich geben diesem Volk den Namen Tanguten.

Ende des 7. Jahrhunderts Das Vordringen der Tibeter zwingt die Tanguten, nach Osten und Nordosten auszuweichen. Sie ziehen mit den verbündeten Völkern, genannt Xianbi, nach Norden bis zum südlichen Rand des Ordos-Gebietes. Neben den Tanguten, die sich rasch ausbreiten, leben in diesem Gebiet noch Chinesen, Tibeter, Uiguren, Tuyuhun und Tataren.

Ende des 9. Jahrhunderts In China revoltieren die Bauern. Der tangutische Stammesführer Toba Sigong unterstützt China bei der Niederschlagung der Bauernrevolte und wird dafür 883 vom chinesischen Kaiser zum Generalgouverneur der Region ernannt und bekommt den Titel »Wang (Fürst) von Xia.«

Ende des 10. Jahrhunderts Nach dem Untergang der Tang-Dynastie (618–907) versucht die neue chinesische Dynastie Song ab 960, China wieder zu einigen. Die tangutischen Herrscher sehen nun ihre Chance, für den Aufbau eines eigenen Staates zu kämpfen. Ab dem Jahr 982 kommt es zum offenen Konflikt zwischen Tangutenherrschern und China. Der Tangutenfürst Toba Jiqian schafft einen eigenen Regierungsapparat und heiratet 989 eine khitanische Prinzessin. Somit waren die Tanguten und Khitaner Verbündete.

997 Der Tangutenfürst Toba Jiqian (982–1004) erobert den südlichen Teil des Ordos-Gebietes in China und erklärt die eroberte Stadt Lingzhou (heute Lingwu) zur Hauptstadt des Tangutenreiches. Der Staat wird von den Chinesen Xixia (West-Xia) genannt, in tangutischen Quellen taucht dagegen der Name »Weißes hohes Xia« auf.

1004 Der »Gründer« des Tangutenreiches, Toba Jiqian, stirbt im Kampf gegen die Tibeter. Die Nachbarstaaten Xixias, Tibeter und Uiguren, fühlen sich durch das Erstarken der Tanguten bedroht. Aus Angst vor der Vorherrschaft Xixias greifen Tibeter und Uiguren deshalb den neuen Staat immer wieder an. Die Macht des verstorbenen Jiqian geht auf seinen Sohn Deming (1004–1031) über. Postum nennt er seinen Vater »Kaiser«.

1006 China schließt einen Friedensvertrag mit dem Tangutenherrscher Deming und erkennt so das »Kaiserreich« Xixia politisch an. Deming erhält von dem chinesischen Kaiser Zhenzong aus der Dynastie der »Nördlichen Song« den Titel Xiping Wang, »der Fürst, der den Westen befriedet«. Nun begann der innere Aufbau des Staates Xixia. Deming reformierte den Regierungsapparat, erließ eine Gesetzgebung und führte das chinesische Hofzeremoniell ein. Deming, der Kaiser der Tanguten, nannte seine Mutter Huanghou (Kaiserin) und seinen Sohn Taizi (Kronprinz). China blieb Friedenspartner und Xixia konzentrierte sich auf die Kämpfe gegen die Tibeter und Uiguren.

1031 Der Kaiser der Tanguten, Deming, stirbt. Offizieller Thronfolger wird Yuanhao (1031–1048). Sein Ziel ist es, das Tangutenreich zu einem der drei Kaiserreiche des heutigen Kontinentalchinas zu machen. Er braucht dazu aber die Anerkennung des chinesischen Kaisers aus der Song-Dynastie und des khitanischen Kaisers aus der Liao-Dynastie. Deshalb reformiert Yuanhao das Tangutenreich: Verwaltung und Regierung werden dem chinesischen Vorbild angepasst, die Armee neu strukturiert, ab 1036 die tangutische Schrift eingeführt, ein neues Hofzeremoniell erklärt, tangutische Musik gefördert und der Buddhismus als Landesreligion anerkannt.

1038 Auf Vorschlag der Nachbarstaaten der Uiguren, Tibeter und Tataren nimmt Yuanhao feierlich den Titel Huangandi (Kaiser) an. Die Tanguten vertreiben die Uiguren aus Ganzhou. Alle westlichen Gebiete der heutigen Provinz Gansu und auch die Stadt Khara Khoto an der Mündung des Flusses Edsin Gol kommen unter tangutische Herrschaft.

1040–44 China lehnt die Bitte des Tangutenherrschers Yuanhao, ihn als Kaiser anzuerkennen, ab. Es kommt zum chinesisch-tangutischen Krieg. Nach zwei blutigen und verlustreichen Kriegsjahren für beide Parteien beginnen Friedensverhandlungen. 1044 wird der Friedensvertrag angenommen. China fordert Yuanhao zum Verzicht des Kaisertitels auf, dafür zahlt es jährlich 225000 Einheiten in Seide, Silber, Leinwand und Tee an den tangutischen Staat. Die Grenzen der beiden Staaten bleiben so wie vor dem Krieg. Yuanhao behält de facto seinen Titel »Kaiser« bei, nur gegenüber der Liao-Dynastie hat Xixia nun eine niedrigere Rolle. Das heißt zum Beispiel, dass der Song-Kaiser bei offiziellen Audienzen zuerst die Botschaft der Liao empfängt und erst als zweites die der Xixia.

1048 Nach drei ruhigen »Rentenjahren« in seinem Palast in den Helan-Bergen stirbt der Xixia-Herrscher Yuanhao. Sein Sohn und Thronnachfolger soll ihn angeblich aus Eifersucht erschlagen haben, da er ihm die Braut weggenommen hatte. Nun beginnt eine neue Periode des Tangutenreiches. Die folgenden Kaiser sind noch so jung, dass die Herrschaft oft in die Hände der Mütter und verwandter Dynastieangehöriger fällt. Die drei Kaiser Liangzuo (1048–1067), Bingchang (1067–1086) und Qianshun (1086–1139) können in den ersten fünfzehn Jahren ihrer Herrschaft nicht die volle Macht ausschöpfen, sondern sind von ihren Müttern und deren Verwandtschaft abhängig. Es kommt daher zu Unruhen im Land, die innere Schwäche des Staates Xixia bietet äußerlich Angriffspunkte, und so führen die Song- und Liao-Dynastien Kriege gegen Xixia.

1049 Die Khitan nutzen die innere Schwäche der Tanguten und dringen nach Xixia ein. Zwar kommt es zu keiner Eroberung der Hauptstadt, in den Friedensvereinbarungen von 1053 aber bezahlen die Tanguten mit Vieh und Lebensmitteln den »Kriegsschaden« der Khitan. Die Grenzen der beiden Staaten bleiben wie gehabt erhalten.

1081–86 Nach immer wieder aufflammenden Grenzkonflikten zwischen China und dem Tangutenreich kommt es zum Krieg. Er endet ohne Friedensvertrag. Als Folge des Krieges verlieren die Tanguten die Stadt Lanzhou.

1096–99 Zum zweiten Mal in diesem Jahrhundert führen China und Xixia Krieg gegeneinander. Wieder kommt es nur zu kleinen Grenzverschiebungen. Xixia verliert die Städte Lanzhou und Suizhou und einige Grenzfestungen an China.

1100 Der sechzehnjährige Tangutenkaiser Qianshun (1086–1139) übernimmt die Regierungsgewalt selbstständig und schafft wieder ein innerlich starkes Xixia.

1125 Die traditionell mit den Tanguten verbündeten Khitan werden von den Jürchen vernichtet. Die Tanguten müssen die Seite wechseln und schließen sich den Jürchen als neue Verbündete an. Für ihre Freundschaft gegenüber den Jürchen bekommen die Tanguten einige Gebiete zugesprochen: die Provinz Qinghai und die Städte Xining und Lezhou.

1139 Der Sohn des Tangutenherrschers Qianshun, Renxiao (1139–1193), übernimmt den Kaisertitel. Als erster Tangutenherrscher stammt Renxiao von einer chinesischen Mutter ab. Während seiner Regierungszeit kommt es zweimal zu inneren Unruhen im Xixia-Reich. Einmal führen die geflohenen Khitan 1143 einen Aufstand durch und zum zweiten versucht der hohe Beamte Ren Dejin 1169, den tangutischen Staat zu spalten. Beide »Aufstände« scheitern. Der Tangutenstaat erlebt unter Renxiao eine neue Blütezeit: Es werden neue Gesetze erlassen, der Wohlstand nimmt zu und Buddhismus sowie die tangutische Kultur blühen auf.

1193 Nach dem Tod von Renxiao übernimmt Chunyou (1193–1206) die Macht. Die Sinisierung der Tanguten hat bereits begonnen. In tangutischen Schriften aus Khara Khoto ist zu lesen, dass Chunyous Mutter eine Chinesin war. Nördlich der Grenzen des Xixia-Reiches beginnen die Mongolen unter Dschingis Khan mit ihren Eroberungsfeldzügen. Davon bleibt auch das Tangutenreich nicht verschont; schon 1206 erobern die Mongolen westliche Gebiete des Xixia-Staates. Im Zuge der Mongolenangriffe kommt es in der Hauptstadt zu einer Revolte, in der Kaiser Chunyou entmachtet wird. Nächster Tangutenkaiser wird Anquan (1206–1211).

1209 Der Mongolenclan unter Dschingis Khan fällt wieder in Xixia ein und belagert die Hauptstadt. Zwar bezwingen die Mongolgen die Tanguten nicht – im Friedensvertrag muss der tangutische Kaiser aber seine Tochter Dschingis Khan zur Frau geben und sich dem Mongolenfürsten unterwerfen.

1211 Der Tangutenkaiser Anquan wird zum Thronverzicht gezwungen und stirbt bald darauf. Neuer Herrscher über Xixia wird Kaiser Zunxu (1211–1223).

1217 Dschingis Khan überfällt erneut das Tangutenreich und belagert die Hauptstadt. Die Mongolen wollen die Tanguten nun für einen Feldzug gegen Choresm als Verbündete gewinnen. Doch trotz der Niederlagen und freiwilligen Unterwerfungen der Nachbarstaaten von Xixia weigert sich der Tangutenkaiser, sich Dschingis Khan anzuschließen. Daraufhin soll Dschingis Khan geschworen haben, Xixia und all seine Bewohner bis zum letzten Sklaven zu vernichten.

1223 Der Tangutenkaiser Zunxu wird gezwungen, zugunsten seines Sohnes Dewang (1223–1226) abzutreten. Xixia schließt mit den Jürchen Frieden und versucht Verbündete gegen Dschingis Khan zu finden.

1225 Mongolische Truppen wollen den Sohn des Tangutenkaisers als Geisel nehmen. Die Tanguten aber weigern sich, und so führt Dschingis Khan persönlich einen Feldzug gegen die Tanguten an. Als erste Stadt an der Nordgrenze von Xixia fällt Khara Khoto in die Hände der Mongolen. Bevor der Krieg zwischen Tanguten und Mongolen beendet ist, stirb Dewang, und Nachfolger wird ein Großfürst namens Nanping Wang Shi (1226/1227). Besonders grausam morden die Mongolen im Tangutenreich weiter, auch nachdem 1227 Dschingis Khan selbst stirbt.

13. Jahrhundert Auf mongolischem Staatsbezirk entsteht ein tangutischer Verwaltungsbezirk.

14. Jahrhundert Der mongolische Prinz Ananda lässt das tangutische Gebiet islamisieren. Während der Dynastien Ming und Qing wird das Territorium der Tanguten in den Bezirk Ningxia (Befriedetes Xia) umbenannt.

Baumann, Bruno: »Der diamantene Weg. Wege zu den heiligen Stätten Tibets.« München 2003

Bosshard, Walter: »Kühles Grasland Mongolei.« Frankfurt/M. 1950

Eggebrecht, Arne (Hrsg.): »Die Mongolen und ihr Weltreich.« Mainz 1989

Filchner, Wilhelm: »Das Rätsel des Matschu.« Leipzig 1907
»Quer durch Ost-Tibet.« Berlin 1925
»Kumbum: Lamaismus in Lehre und Leben.« Zürich 1954

Forman, Werner, Rintschen Bjamba: »Lamaistische Tanzmasken.« Leipzig 1967

Haslund-Christensen, Henning: »Jabonah, Abenteuer in der Mongolei.« Leipzig 1939

Haussig, Hans W.: »Die Geschichte Zentralasiens und der Seidenstraße in vorislamischer Zeit.« Darmstadt 1988

Hedin, Sven: »History of the Expedition in Asia 1927–1935.« 4 Bde. Stockholm 1943
»Rätsel der Gobi.« Leipzig 1943
»Auf großer Fahrt.« Leipzig 1940

Heissig, Walther: »Die Geheime Geschichte der Mongolen.« Düsseldorf 1981
»Die Mongolen. Ein Volk sucht seine Geschichte.« Düsseldorf 1979
»Ostmongolische Reise.« Darmstadt 1955
»Mongolenreise zur späten Goethezeit.« (Hrsg.) Wiesbaden 1971

Heissig, Walther, Müller, Claudius C. (Hrsg.): »Die Mongolen.« Innsbruck 1989

Hörner, Nils G.: »Some Notes and Data Concerning Dunes and Sand Drift in the Gobi Desert.« Stockholm 1957

Huc, Regis Evariste: »Reise durch die Mongolei nach Tibet und China (1844–1846).« Frankfurt/M. 1986

Koslow, Pjotr K.: »Die Mongolei, Amdo und die tote Stadt Chara-choto.« Leipzig 1955

Leicht, Hans (Hrsg.): »Dschingis Khan. Vom chinesischen Meer an die Pforte Europas.« Stuttgart 1985

Ossendowski, Ferdinand von: »Tiere, Menschen und Götter.« Frankfurt/M. 1924

Pjotrowski, Michail (Hrsg.): »Die Schwarze Stadt an der Seidenstraße.« Mailand 1993

Przewalskij, Nikolai M.: »In das Land der wilden Kamele.« Leipzig 1954
»Mongolia, The Tangut Country and the Solitudes of Northern Tibet.« 2 Bde. London 1876

Salzmann, Erich von: »Im Sattel durch Zentralasien.« Berlin 1903

Sommarström, Bo: »Archeological Researches in the Edsen-Gol Region Inner Mongolia.« Stockholm 1958

Stein, Aurel: »Innermost Asia.« 4 Bde. Delhi 1981

Strong, Anna Louise: »China-Reise. Mit Borodin durch China und die Mongolei.« Berlin 1928

Tafel, Albert: »Meine Tibetreise.« 2 Bde. Berlin 1914

Waln, Nora: »Sommer in der Mongolei.« Berlin 1936

Wotte, Herbert: »Unter Reitern und Ruinen.« Leipzig 1970